7

図解ポケット

Shuwasystem
A book to explain
with figure
: Library

消費のカギを握る！

Z世代が

よくわかる本

MATSUMURA Yuta
松村 雄太 著

秀和システム

はじめに

　本書は、ますます存在感を増すZ世代のことがイマイチよくわからない方、Z世代のことをもっと知りたい方のための本です。個人的な付き合いのためであれ、より良いマーケティングのためであれ、Z世代とはどんな世代なのかまずは知ることが大切です。

　Z世代とは一般的に、1990年代半ばから2010年頃までに生まれた人たちを指すとされています。私はというと、1990年代半ば生まれなので、Z世代にギリギリ入るか入らないかの人間です。Z世代のちょっと先輩にしろ最年長レベルの当事者にしろ、Z世代のことをよく見て生きてきました。

　端的にいうと、Z世代は選択肢の多い世代です。遅くても高校生くらいにはネットをある程度使いこなせるようになり、家に閉じこもっていても外出中でも、遠く離れた場所にいる人と瞬時に繋がることが当たり前の時代を生きてきました。

　そのため人生の選択肢は非常に多いものの、その自由さゆえに悩みの多い世代でもあります。男性であれば1つの会社で出世して良い家を買い、妻子を養うといった、一昔前であればなんとなく世間の共通認識として存在していた"人生の正解"というものがZ世代にはありません。むしろ、終身雇用制が崩壊しつつある昨今において、1つの会社にしがみつくしか選択肢がないことは大きなリスクとなっています。さらには、Z世代の人生は丸ごと日本の「失われた30年」に重なっており、Z世代はなんとなく活気のない日本しか知りません。祖父母や両親の世代がコツコツと頑張って築き上げてきた経済大国・日本による恩恵に感謝しつつも、ある意味前の世代のツケを今後の人生で払わされることが確定している世代となっています。2025年問題やその先の2040

年問題などが待ち構えており、税金は増加傾向、もはや年金も当てにできないという風潮が漂っています。こんな時代を生きてきて、そしてこれからも生きていかねばならないＺ世代は、"大人"からすると表面上は楽観的に見えたとしても、かなり現実的な考えを持つ世代であると言えます。

　ここまで少し悲観的な話をしましたが、このような状況下において、"自分なりの楽しみ方"を見つけるのが上手いのもＺ世代です。画一化された"人生の正解"はないですし、世界的にも多様性（ダイバーシティ）が尊重されています。Ｚ世代は「みんな違ってみんないい」といった考えが大前提の"多様性ネイティブ"とも言える世代なのです。そんなＺ世代の心を摑む商品やサービスが、今後も広まっていくことでしょう。

　なお、本書では便宜上「Ｚ世代」という言葉を多用しますが、いわゆるＺ世代の人の中には上の世代の人から「Ｚ世代という枠組み」を押し付けられていると感じている場合もあります。多様性が当たり前な時代を生きてきたからこそ、画一的な「世代」という言葉に嫌悪感を抱くこともあるのです。そのため、「Ｚ世代だからこうであるはず」と決まったイメージを押し付けるのは得策ではありません。

　本書では、このようにＺ世代の傾向を解説しつつ、Ｚ世代に向けたビジネスで成功するためのヒントをご提供します。Ｚ世代のことを知り、理解を深め、良きお客様としてまたパートナーとして、ともに歩んでいく一助となれば幸いです！

松村雄太

図解ポケット
Ｚ世代がよくわかる本

CONTENTS

CHAPTER 4 Z世代とSNS

CHAPTER 5 Z世代に響くショート動画攻略法（前提編）

CHAPTER 6 Z世代に響くショート動画攻略法（実践編）

CHAPTER 7 Z世代とAI

CHAPTER 8 Z世代とWeb3・メタバース

MEMO

Z世代とは？
世代の変遷

まずは、そもそもZ世代とはどんな人々なのか、またZ世代に至るまでの世代の変遷を見ていきましょう。ご自身の世代との共通点・相違点も確認しつつZ世代のイメージをざっくりとつかんでください！

1 Z世代とは？

まずはZ世代のイメージをざっくりとつかんでいただけるように、Z世代とはどんな世代なのか簡単にご紹介します。

1 Z世代は欧米発祥

Z世代は、欧米諸国でつくられた言葉です。アメリカの「ジェネレーションZ」が由来で、そこからZ世代と呼ばれるようになったとされています。なお、読み方は「ゼット世代」です。

Z世代とは一般的に、1990年代半ばから2010年頃までに生まれた人たちを指しますが、他の世代と同様、生年による明確な定義があるわけではありません。

なお、Z世代は2020年の時点で世界人口の約4分の1に及んでおり、アメリカなど若年層の割合が日本より多い市場では、すでに消費の主役となっています。

2 Z世代以前の世代はX世代、Y世代

アメリカではZ世代の上の世代を**ジェネレーションX（X世代）、ジェネレーションY（Y世代）**と呼び、アルファベット順になっています。

なお、Zはアルファベットの最後の文字なので、Z世代の次の世代はギリシャ文字の最初にあたる**α（アルファ）世代**と呼ばれています。Z世代向けのマーケティングを考えつつ、次の世代であるα世代、Z世代やα世代の親世代であるX世代、Y世代についても意識しておくと良いでしょう。

1　日本とアメリカの世代の概観

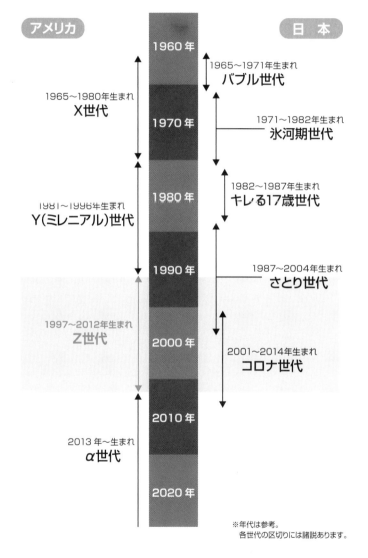

アメリカ

日　本

1960年

1965～1971年生まれ
バブル世代

1965～1980年生まれ
X世代

1970年

1971～1982年生まれ
氷河期世代

1980年

1982～1987年生まれ
キレる17歳世代

1981～1996年生まれ
Y(ミレニアル)世代

1990年

1987～2004年生まれ
さとり世代

1997～2012年生まれ
Z世代

2000年

2001～2014年生まれ
コロナ世代

2010年

2013年～生まれ
α世代

2020年

※年代は参考。
　各世代の区切りには諸説あります。

出典：https://www.dodadsj.com/content/0329_generation-z/ を元に作成

11

マスメディア離れが顕著 (Z世代の特徴①)

Z世代の特徴について説明します。情報の溢れる現代社会で、どんなことを考え、行動しているのでしょうか。

1 Z世代は常に情報を取捨選択している

Z世代にとって、インターネットでの情報収集は当たり前です。Z世代（特に1990年代後半以降生まれ）の特徴の1つに、最初に持った携帯電話は**スマートフォン**である場合が多い、ということも挙げられます。つまり、携帯電話（スマホ）を持ち始めることが多い小学生〜高校生の時には、**Google**などの**ブラウザ**はもちろん、**SNS**なども身近であったということです。

そんな環境で育ってきたZ世代にとって、自分の知りたい情報を知りたいだけ、知りたい時に、能動的に取りにいけるSNSやWebメディアの方が、テレビやラジオよりも使い勝手が良いことも多いのです。

Z世代は基本的に情報過多の環境下で、自分にとって必要な情報を取捨選択しながら生きてきたのです。

2 2019年が分岐点

なお、広告費の観点で見ると、2019年にはインターネットの広告費がテレビの広告費を超えています。さらには、2021年にはインターネットの広告費がマスコミ4媒体（テレビ、新聞、雑誌、ラジオ）の広告費を上回りました。

今後この差はより顕著になっていく可能性が高いでしょう。

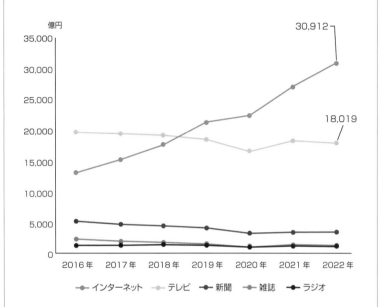

FIGURE 2　日本の広告費の推移

億円

30,912	
18,019	

インターネット　テレビ　新聞　雑誌　ラジオ

2019年以降は
インターネット広告が
主流になっています。

出典：https://media-radar.jp/contents/meditsubu/ad_cost/ を元に作成

社会問題への関心が高い傾向 (Z世代の特徴②)

Z世代は、社会問題に対して、どんな意識を持ち、どんな行動をしているのでしょうか。

1 Z世代にとって社会問題は身近な問題

Z世代は、**社会問題**への関心が高い傾向にあります。これには下記のような背景があります。

・2015年に国連総会で採択された**SDGs**（持続可能な開発目標）に関連して、環境問題などへの取り組みが広く浸透していること。
・**ジェンダー**や出自などで差別をしない、多様性に関する考え方に若いうちから触れていること。
・2011年の**東日本大震災**など度重なる災害に接していること。

2 社会問題に対する行動力

SHIBUYA109エンタテイメントが運営する若者マーケティング研究機関**SHIBUYA109 lab.**（シブヤイチマルキューラボ）が15〜24歳のZ世代を対象に行った「Z世代のSDGsと消費に関する意識調査」によると、社会的課題解決に対する興味関心の有無を尋ねる設問に対し、56.8%が「関心がある」または「すごく関心がある」と回答しました。

実際にSDGsや社会的課題の解決手段として実施した行動については、7割以上が何らかの取り組みを実施したと回答しました。最も多かったのは「**エコバッグ**を使う・ビニール袋などを断る」で、45.3%が実施していると答えています。

FIGURE 3 Z世代のSDGsと消費に関する意識調査

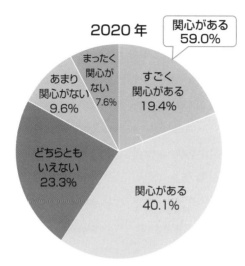

2020 年

関心がある
59.0%

まったく
関心が
ない
7.6%

あまり
関心がない
9.6%

すごく
関心がある
19.4%

どちらとも
いえない
23.3%

関心がある
40.1%

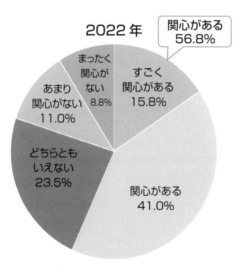

2022 年

関心がある
56.8%

まったく
関心が
ない
8.8%

あまり
関心がない
11.0%

すごく
関心がある
15.8%

どちらとも
いえない
23.5%

関心がある
41.0%

出典：https://markezine.jp/article/detail/40073 を元に作成

FIGURE 4 SDGsや社会的課題に関連して何らかの行動を起こしている割合

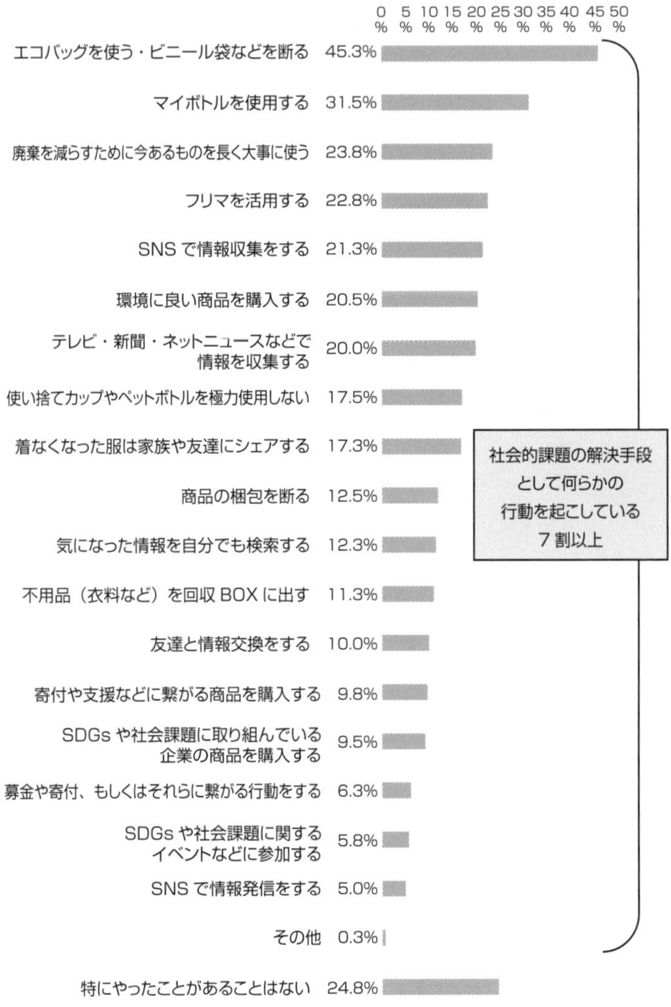
0 %
5 %
10 %
15 %
20 %
25 %
30 %
35 %
40 %
45 %
50 %
エコバッグを使う・ビニール袋などを断る 45.3%
マイボトルを使用する 31.5%
廃棄を減らすために今あるものを長く大事に使う 23.8%
フリマを活用する 22.8%
SNSで情報収集をする 21.3%
環境に良い商品を購入する 20.5%
テレビ・新聞・ネットニュースなどで情報を収集する 20.0%
使い捨てカップやペットボトルを極力使用しない 17.5%
着なくなった服は家族や友達にシェアする 17.3%
商品の梱包を断る 12.5%
気になった情報を自分でも検索する 12.3%
不用品（衣料など）を回収BOXに出す 11.3%
友達と情報交換をする 10.0%
寄付や支援などに繋がる商品を購入する 9.8%
SDGsや社会課題に取り組んでいる企業の商品を購入する 9.5%
募金や寄付、もしくはそれらに繋がる行動をする 6.3%
SDGsや社会課題に関するイベントなどに参加する 5.8%
SNSで情報発信をする 5.0%
その他 0.3%
特にやったことがあることはない 24.8%
社会的課題の解決手段として何らかの行動を起こしている7割以上

出典：https://markezine.jp/article/detail/40073を元に作成

ブランドに対するこだわりが少ない（Z世代の特徴③）

引き続き、Z世代の特徴をご紹介していきましょう。多様化の時代といわれていますが、Z世代の人たちは、どんな考えを持って行動しているのでしょうか。

1 持つ物も多様化

多様性の中に含まれますが、Z世代は例えばハイブランドのような昔から知名度の高い会社の商品よりも、"自分の価値観に合うかどうか" といった視点を重視する傾向があります。それぞれの多様なニーズを満たす様々な商品が誕生し続けていることも背景にあります。

何を身につけているか、何を持っているかということが、自分らしさの表現に直結しているのです。かといって、集団から浮きすぎることは避ける傾向があります。

2 「モノ消費」よりも「コト消費」「トキ消費」

さらに言えば、所有することに強いこだわりがなく、**モノ消費**よりも体験を重視する**コト消費**に関心を持つ傾向にあります。加えて、特定のイベントに自分が「参加した」という事実を楽しむ傾向があるとされます。これは**トキ消費**と言われることがあります。

また、**コストパフォーマンス**や**タイムパフォーマンス**の良さも消費をする際の重要な判断基準です。これはまだまだZ世代には若者が多く予算が限られているため、お金の使い方にシビアなこと、そして、より良い代替案を見つけやすいことなどが背景にあります。

FIGURE 5　トキ消費

非再現性
同じ体験が二度と
できない

トキ消費

参加性
コンテンツだけでなく、
参加することが目的

貢献性
貢献していること
が実感できる

出典：https://www.nttcom.co.jp/comware_plus/img/201907_time.pdf を元に作成

FIGURE 6　コストパフォーマンスからタイムパフォーマンスへ

コスト　パフォーマンス

~~お金~~　　~~モノの品質~~

↓　　　　↓

時間　　自分の個性

推し活が盛ん（Z世代の特徴④）

引き続き、一般的に言われるZ世代の特徴をご紹介していきましょう。「推し」という言葉も浸透してきました。

1 「推し」も多様化

テレビが娯楽の中心であった時代と比べ、現代のネット社会では、圧倒的な人気を誇る**国民の推し**が不在の状態と言えます。例えば、松田聖子さんの髪型を真似た**聖子ちゃんカット**や、安室奈美恵さんのファッションを真似た**アムラー**のような、特定の圧倒的な**インフルエンサー**による社会現象は、現代では起きづらくなっています。

現代ではアイドルの存在も多様化し、雲の上のような存在のアイドルだけでなく実際に会いに行けるアイドルも増えました。さらに各分野で活躍するインフルエンサーも増えてきました。その結果、それぞれの人が応援したい人（**推し**）も多様化してきています。

2 推し活はZ世代の消費の鍵

「推し」が多様化したことで、「世間的な認知度は高くない彼（彼女）を応援している私」というアイデンティティを持ったり、同じように感じる推し活仲間との連帯感が強まることもあるでしょう。

Z世代は「一般的なものよりも自分が本当に価値があると思うもの」にお金を払う傾向があるため、**推し活**はZ世代の消費の鍵とも言えます。

7 ヲタ活についての調査

あなたには推しがいますか？　もしくはヲタ活をしていますか？
（単一回答）
n=525（10代：315/20代：210）

推しがいない
17.9%

推しがいる / ヲタ活をしている
82.1%

8 対象の推しについての調査

あなたがヲタ活している対象の推しを教えてください。（複数回答）
n=525（10代：315/20代：210）

Z世代がヲタ活をしている推しジャンルランキング
1位　　アニメ・漫画・ゲームのキャラクター・声優（34.1%）
2位　　　　　　　　日本のアイドル（33.7%）
3位　　　　　　　　動画配信者（17.3%）
4位　　　　　日本のバンド・アーティスト（15.4%）
5位　　　　　　　　韓国のアイドル（15.2%）

出典：https://markezine.jp/article/detail/40073を元に作成

CHAPTER 1 6 オンラインもオフラインも「リアル」（Z世代の特徴⑤）

Z世代の特徴に関して、OMO、O2Oという言葉について解説していきます。

1 OMOが当たり前の世代

Z世代は遅くとも中高生くらいの時期には、SNSをはじめとしたネットを使いこなしてきた世代です。そのため、OMO*が当たり前の世代と言えます。OMOは、日本語では一般的に「オンラインとオフラインの融合」と訳されます。Z世代に対しては、オンラインとオフラインを結びつけるマーケティングの取り組みが特に重要になってきます。

2 O2Oやオムニチャネルも

オンラインとオフラインの関わりという点では、これまでにもO2O*やオムニチャネルが実践されてきました。O2Oはオンラインからオフライン（あるいはオフラインからオンライン）に顧客を誘導する施策です。誘導の方向は基本的に一方通行になります。

またオムニチャネルとは、実店舗、ECサイト、SNS、コールセンター、紙のカタログ・チラシといったあらゆるチャネルを顧客との接点と捉え、オンラインとオフラインの区別を排して総合的な販売チャネルを作り上げる施策です。

＊OMO　Online Merges with Offline の略。
＊O2O　Online to Offline の略。

9 OMOとO2O・オムニチャネルの違い

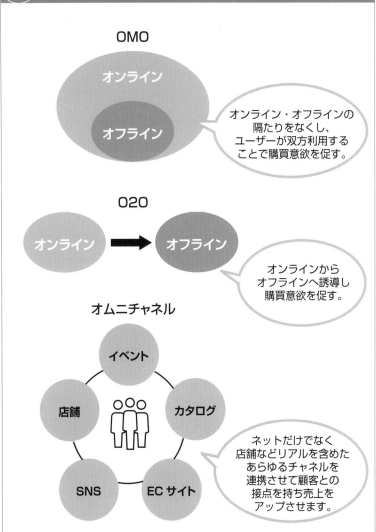

OMO

オンライン

オフライン

> オンライン・オフラインの
> 隔たりをなくし、
> ユーザーが双方利用する
> ことで購買意欲を促す。

O2O

オンライン → オフライン

> オンラインから
> オフラインへ誘導し
> 購買意欲を促す。

オムニチャネル

イベント

店舗

カタログ

SNS

ECサイト

> ネットだけでなく
> 店舗などリアルを含めた
> あらゆるチャネルを
> 連携させて顧客との
> 接点を持ち売上を
> アップさせます。

出典：https://www.hitachi-solutions.co.jp/digitalmarketing/sp/column/omo_vol01/ を元に作成

Z世代とミレニアル世代

Z世代と1つ前の世代であるミレニアル世代との類似点や相違点をご紹介していきます。

1 ミレニアル世代とは？

ミレニアル世代は、ミレニアム（千年紀）に由来して2000年以降に成人した1980年頃から1990年代半ばに生まれた世代を指しています。定義次第では筆者も含まれる世代です。

前述のY世代とほぼ同じ意味合いで使われ、ミレニアルズとも呼ばれます。日本ではゆとり世代、さとり世代と言われる世代も含まれます。

ミレニアル世代はZ世代と同じく、インターネットやデジタルデバイス、サービスに馴染んでいます。しかし、ミレニアル世代はこれらが普及しつつある、いわば過渡期に育った世代です。

2 Z世代とミレニアル世代の違い

Z世代とミレニアル世代を分ける際に、初めて手にする携帯電話がガラケーかスマートフォンかといった基準で見るとわかりやすいかもしれません。

また、Z世代とミレニアル世代の違いを見る際には、彼らの親世代の違いも参考になります。バブル経済を若い時期に経験し、経済的に比較的恵まれていた親世代を見てきたミレニアル世代は、彼らバブル世代前後の価値観にも影響を受けています。

FIGURE
10 Z世代とミレニアル世代の違い

Z世代は改革を求める傾向がある

現実主義　　　　理想主義
Z世代　　　　ミレニアル世代

現実主義のZ世代と理想主義のミレニアル世代

出典：Z世代とは？新時代のマーケティング成功法を解説｜デジマケの教科書 (digimake.co.jp)

Z世代とα世代

Z世代の1つ後の世代であるα（アルファ）世代との類似点・相違点をご紹介します。

1 α世代とは？

前述の通りα（アルファ）世代はZ世代の次の世代です。2010〜2024年ごろまでに生まれた（生まれる）世代のことを指すとされています。オーストラリアの世代研究者マーク・マクリンドル氏が2005年に提唱し、Z世代に続く世代を呼び表す名称として定着してきました。

α世代はミレニアル世代（Y世代）の子どもにあたる世代です。同氏の試算によれば、この世代が全員生まれる2025年ころには、世界のα世代は合計約20億人に達し、歴史上でも最大数の世代になると言われています。

2 Z世代とα世代の違い

Z世代とα世代はどちらも**デジタルネイティブ**であり、多様性を認める傾向が強いなど共通点も多いです。一方でα世代は、よりメタバースやSNSなどバーチャル空間に対する親和性が高く、オンライン授業などの新しい教育を早期に受けている点もZ世代との違いとして挙げられます。

なお、α世代にアプローチする際には、α世代の親世代であるミレニアル世代（Y世代）の消費動向も考えると良いでしょう。

FIGURE
11

α世代とZ世代の特徴

	α世代
生まれ	**2010年以降**生まれ
コロナ禍の学年	**小学生** 小学生でオンライン授業を経験
学校教育	2020年度から小学校で SDGs とプログラミング教育が必修
ネットSNS 環境	**生まれた頃から** ネットや SNS に触れてきた

＊α世代は2022年時点では、小学6年生以下の年齢になる。

	Z 世代
生まれ	**1996〜2010年頃**生まれ
コロナ禍の学年	**中学〜大学生** 中学〜大学生でオンライン授業を経験
学校教育	中学校2021年度、高校2022年度から SDGs とプログラミング教育が必修
ネットSNS 環境	**中学生頃から** ネットや SNS に触れてきた

出典：https://www.businessinsider.jp/post-264228を参考に作成

COLUMN
『推し、燃ゆ』

　『推し、燃ゆ』で第164回芥川賞を受賞した宇佐見りんさんは、1999年生まれのZ世代です。1冊目で三島由紀夫賞を受賞（しかも最年少！）したことに続く快挙です。それにしても2冊目で芥川賞とはものすごいですね。

　『推し、燃ゆ』はタイトルの通り、推し活が重要な要素の作品であり、まさにZ世代らしい作品なのではないかなと思います。本書は、家庭も学校生活もうまくいかず、いつも生きづらさを感じていた高校生が、SNSに自分の居場所を見つけて「推しを推す」人生を豊かに生きていく物語です。どこにでもいそうな今どきの高校生という感じですね。

　SNSは様々な交流や出会いを演出してきましたが、犯罪の温床になることもあれば、誹謗中傷の結果、人を死に追いやることもある諸刃の剣です。

　そのSNSの便利さも楽しさも怖さも知っているZ世代がどのようにSNSを利用しているのか、『推し、燃ゆ』を読みつつ学んでみるのもいいかもしれませんね。

　本書のキャッチコピーは「誰かを応援する気持ちが、自らを奮い立たせることがある」となっています。これはZ世代に限らず、誰もが共感することでしょう。このように、「推し活」という言葉自体は今風であっても、その言葉の表す人間の行動原理は昔から大して変わらないように思います。

MEMO

Z世代と社会課題&
お金

　上の世代から見れば、Z世代は「インスタやTikTokを使い
こなしてキラキラしてる」という印象を持っているかもしれ
ません。もちろんそういう一面はありますが、日本の「失われ
た30年」しか生きていないZ世代は、社会課題、そして将来
への漠然とした不安とともに歩んできた世代でもあります。
Z世代を理解するのに欠かせない、Z世代と社会課題との関
わりについて見ていきましょう！

Z世代が直面している社会課題

Z世代はどんな社会課題に直面しているか確認しましょう。

1 Z世代の約9割が社会課題に関心あり

日本労働組合総連合会が実施した、「Z世代が考える社会を良くするための社会運動調査2022」（インターネットリサーチにより2021年12月21日〜12月23日の3日間で実施、全国の15歳〜29歳の男女1,500名の有効サンプルを集計）によると、関心のある社会課題が「ある」と回答した人は 87.0%、「ない」と回答した人が13.0%という結果となりました。

特に、関心のある社会課題がある人の割合は、15歳〜19歳で92.2%と、10代の関心の高さが目立つ結果となっています。

2 関心のある社会課題の分野

では、Z世代はどんな社会課題の分野に関心を持っているのでしょうか？

同調査では、「経済・社会」（40.6%）が最も高くなり、その他は「教育」「人権」（いずれも 37.3%）、「ジェンダー平等」（34.7%）、「労働」（33.7%）となりました。

なお、関心のある社会課題を分野ごとにみると、最も関心の高かった「経済・社会」では、「医療・社会保障（年金問題含む）」（15.1%）が最も関心が高いという結果になりました。

FIGURE 12 「Z世代は社会課題に関心があるか」調査結果

●関心のある社会課題があるか

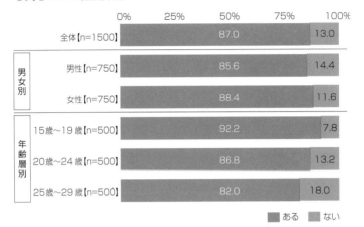

		ある	ない
	全体【n=1500】	87.0	13.0
男女別	男性【n=750】	85.6	14.4
	女性【n=750】	88.4	11.6
年齢層別	15歳～19歳【n=500】	92.2	7.8
	20歳～24歳【n=500】	86.8	13.2
	25歳～29歳【n=500】	82.0	18.0

●関心のある社会課題の分野

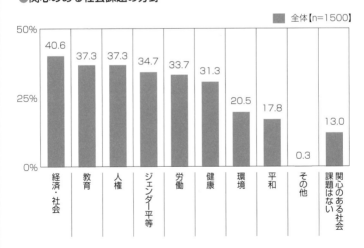

全体【n=1500】

経済・社会	教育	人権	ジェンダー平等	労働	健康	環境	平和	その他	関心のある社会課題はない
40.6	37.3	37.3	34.7	33.7	31.3	20.5	17.8	0.3	13.0

出典：https://www.jtuc-rengo.or.jp/info/chousa/data/20220303.pdf?19 を元に作成

Z世代とSDGs

Z世代の価値観に大きな影響を与えるSDGsについて再確認しましょう。

1 SDGsとは？

持続可能な開発目標（**SDGs**）とは、2015年9月の国連サミットで加盟国の全会一致で採択された「持続可能な開発のための2030アジェンダ」に記載された、2030年までに持続可能でよりよい世界を目指す国際目標です。

17のゴールと169のターゲットから構成され、地球上の「誰一人取り残さない（leave no one behind）」ことを誓っています。

SDGsは発展途上国向けと思っている人もいるかもしれませんが、発展途上国のみならず先進国も取り組むユニバーサル（普遍的）なものであり、日本でも積極的な取り組みが見られます。

2 SDGsの17の目標

SDGsの17の目標は次のようになっています。近年では日本の学校教育でSDGsが扱われており、小中学校新学習指導要領（平成29年3月公示）の前文には、下記のように記されています。

「これからの学校には、（中略）1人ひとりの児童（生徒）が、自分のよさや可能性を認識するとともに、あらゆる他者を価値のある存在として尊重し、多様な人々と協働しながら様々な社会的変化を乗り越え、豊かな人生を切り拓き、持続可能な社会の創り手となることができるようにすることが求められる」

13 SDGsの17の目標

1	貧困をなくそう	あらゆる場所で、あらゆる形態の貧困に終止符を打つ。
2	飢餓をゼロに	飢餓に終止符を打ち、食料の安全確保と栄養状態の改善を達成するとともに、持続可能な農業を推進する。
3	すべての人に健康と福祉を	あらゆる年齢のすべての人の健康的な生活を確保し、福祉を推進する。
4	質の高い教育をみんなに	すべての人に包摂的かつ公平で質の高い教育を提供し、生涯学習の機会を促進する。
5	ジェンダー平等を実現しよう	ジェンダーの平等を達成し、すべての女性と女児のエンパワーメントを図る。
6	安全な水とトイレを世界中に	すべての人に水と衛生へのアクセスと持続可能な管理を確保する。
7	エネルギーをみんなにそしてクリーンに	すべての人々に手ごろで信頼でき、持続可能かつ近代的なエネルギーへのアクセスを確保する。
8	働きがいも経済成長も	すべての人のための持続的、包摂的かつ持続可能な経済成長、包摂的な完全雇用およびディーセント・ワーク（働きがいのある人間らしい仕事）を推進する。
9	産業と技術革新の基盤をつくろう	強靱なインフラを整備し、包摂的で持続可能な産業化を推進するとともに、技術革新の拡大を図る。
10	人や国の不平等をなくそう	国内および国家間の格差を是正する。
11	住み続けられるまちづくりを	都市と人間の居住地を包摂的、安全、強靱かつ持続可能にする。
12	つくる責任つかう責任	持続可能な消費と生産のパターンを確保する。
13	気候変動に具体的な対策を	気候変動とその影響に立ち向かうため、緊急対策を取る。
14	海の豊かさを守ろう	海洋と海洋資源を持続可能な開発に向けて保全し、持続可能な形で利用する。
15	陸の豊かさも守ろう	陸上生態系の保護、回復および持続可能な利用の推進、森林の持続可能な管理、砂漠化への対処、土地劣化の阻止および逆転、ならびに生物多様性損失の阻止を図る。
16	平和と公正をすべての人に	持続可能な開発に向けて平和で包摂的な社会を推進し、すべての人に司法へのアクセスを提供するとともに、あらゆるレベルにおいて効果的で責任ある包摂的な制度を構築する。
17	パートナーシップで目標を達成しよう	持続可能な開発に向けて実施手段を強化し、グローバル・パートナーシップを活性化する。

Z世代のお金への意識

Z世代に向けたマーケティングを考える前に、まずはZ世代の
お金への意識の傾向を把握しましょう。

1 「お金の知識」への関心は高め

SHIBUYA109 lab.が2022年3月に行った調査によると、「現
代を生き抜くための能力や知識としてあなたが必要だと思うもの」
という質問項目では、「お金に関する知識」と答えた人が73.0%で
最多となりました。

2 収入もスキルも支払いも「リスク分散」

不確定かつ選択肢の多い時代を生きてきたZ世代のキーワードは
分散あるいは**リスクヘッジ**と言えます。上記の調査では、収入源を
平均2.2個持っていることがわかりました。アルバイトを掛け持ち
をしているほか、ポイントによる収入やフリマアプリの活用も一般
的です。

決済方法においても「分散」がキーワードです。決済方法として最
も広く使われているのは現金（94.5%）ですが、交通系ICカード
（60.6%）やクレジットカード（54.0%）、PayPayなどの電子決済
（53.5%）の利用率も高く、場面に応じて決済方法を使い分けてい
るようです。

FIGURE 14 Z世代が必要と思うもの

現代社会を生き抜くための能力や知識としてあなたが必要だと思うものを
教えてください。(複数回答)

n=400(男性:200/女性:200)

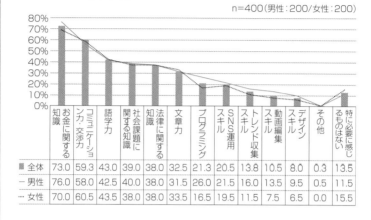

	お金に関する知識	コミュニケーション・交渉力	語学力	社会課題に関する知識	法律に関する知識	文章力	プログラミング	SNS運用スキル	トレンド収集スキル	動画編集スキル	デザインスキル	その他	特に必要に感じるものはない
■ 全体	73.0	59.3	43.0	39.0	38.0	32.5	21.3	20.5	13.8	10.5	8.0	0.3	13.5
― 男性	76.0	58.0	42.5	40.0	38.0	31.5	26.0	21.5	16.0	13.5	9.5	0.5	11.5
⋯ 女性	70.0	60.5	43.5	38.0	38.0	33.5	16.5	19.5	11.5	7.5	6.5	0.0	15.5

FIGURE 15 Z世代の収入と決済

Z世代の収入と決済は「分散」がキーワード!

収入

アルバイト
(62.8%)

ポイントを貯める
(49.0%)

お小遣い・仕送り
(47.3%)

ポイント運用
(14.5%)

フリマアプリ
(13.0%)

投資・資産形成
(6.3%)
…etc.

収入源平均
2.2個

決済方法平均
2.8個

決済

現金(94.5%)
・使った額が把握しやすい
・目に見える形で管理しやすい

IC カード(60.6%)
・お金を使いすぎない
・簡単に使える

クレジットカード(54.0%)
・ポイントが貯まる
・現金がなくても使える

電子決済(53.5%)
・ポイントが貯まる
・友達と割り勘しやすい
・キャンペーン実施中はより
　お得に買い物ができる

デビットカード(18.0%)
・お金を管理しやすい
・お金を使いすぎない

出典:株式会社 SHIBUYA109 エンタテイメント「Z世代のお金と投資に関する意識調査」を元に作成

Z世代向けの金融教育

Z世代の中でも特に若い世代向けの金融教育には、政府も力を
入れ始めました。

1 家庭科の授業で導入されることになった「金融教育」

2022年度から学習指導要領が改定になりますが、今回の改定の
目玉は、高校の家庭科の授業で導入されることになった**金融教育**と
いえます。

家計管理や生活設計の必要性、預貯金・保険・クレジット/ロー
ン・投資に関して最低限知っておくべきことなどを簡潔にまとめて
いる、金融庁の「基礎から学べる 家計管理 金融ガイド」の冒頭には、
「社会人として経済的に自立し、より良い暮らしを送るために、金融
に関する知識と判断力を身につけましょう」というメッセージが書
かれています。

2 裏を返せば金融の知識がないとマズい

よく聞く話ですが、日本全国の平均年収は長年ほぼ変わらない一
方、物価は上昇しているため、多くの人が苦しめられています。さら
には「老後2000万円問題」なども騒がれており、中高年だけでな
く、Z世代をはじめとする若い世代の将来への不安も募るばかりで
しょう。

そういった背景もあり、どの世代も金融の知識を身につけて着実
に将来に備えないと、これからは今までよりも厳しい現実に直面す
ることになるかもしれません。

FIGURE 16 ライフイベントにかかるお金とライフプランの例

20代 ＞ 30代

意外とかかる交通費・宿泊費
大学の所在地と異なる場所で就職活動する場合、交通費・宿泊費が負担になる場合もあります。

結婚は、人生の一大イベント
入籍のみなど、お互いの価値観で出費額は大きく変わります。

就職活動費用
約 **14** 万円

出典：株式会社ディスコ「キャリタス就活 2020
学生モニター調査結果〔2019年〕10月」

結婚式費用
約 **355** 万円

出典：株式会社リクルートマーケティングパートナーズ「ゼクシィ結婚トレンド調査2019調べ」

30代 ＞ 40代

働くママには嬉しい制度も
「出産準備金」など公約制度を利用すれば出産費用は抑えられます。

物件価格に加え諸経費が必要
購入費のほかに、税金や登記費用、維持・管理、修繕費などがかかります。

結婚・出産など環境の変化を踏まえて今後も貯蓄や資産運用を検討しましょう。

出産費用
約 **51** 万円

出典：公益社団法人国民健康保険中央会
「出産費用　平成 28 年度」

住宅購入費用（新築）	
建売…………	約 **3,442** 万円
マンション…	約 **4,437** 万円

出典：住宅金融支援機構「2018 年度フラット 35 利用者調査」

Z世代向けキャッシュレスサービス

Z世代をターゲットとしたキャッシュレスサービスも誕生しています。詳しく見ていきましょう。

1 Z世代がクレジットカードを選択する基準

メルカリ総合研究所が2023年3月に行った調査では、クレジットカードを選択する基準をZ世代とバブル世代で比較しました。その結果、Z世代はバブル世代と比べて下記の基準も重視しているという結果になりました。

・家族や友人に勧められたから
・専門家やインフルエンサーが勧めていたから
・カードの名前を聞いたことがあったから

2 次世代クレジットカード

次世代クレジットカードとして紹介されることのある**Nudge**というクレジットカードがあります。Nudgeは従来のクレジットカードのようにポイント制度はなく、利用金額に応じて特典が貰えるという新しい仕組みを採用しています。Nudgeでは、カード申し込み時に好みのクラブ（提携先）を選択します。そして、クレジットカードの利用額に応じて「クラブ」の特典がもらえるようになっています。「クラブ」とは、バスケ・野球などのスポーツ、芸能関係、ゲーム・アニメ関連のものがあります。Nudgeの収益の一部は提携先のクラブに還元されます。普段Nudgeを利用するだけで、間接的にクラブを応援できる仕組みになっているのです。

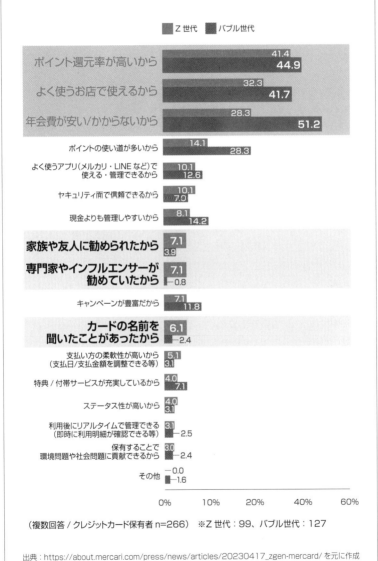

FIGURE 17 世代別比較 メインで利用しているクレジットカードの理由

凡例: ■ Z世代　■ バブル世代

理由	Z世代	バブル世代
ポイント還元率が高いから	41.4	44.9
よく使うお店で使えるから	32.3	41.7
年会費が安い/かからないから	28.3	51.2
ポイントの使い道が多いから	14.1	28.3
よく使うアプリ(メルカリ・LINEなど)で使える・管理できるから	10.1	12.6
セキュリティ面で信頼できるから	10.1	7.0
現金よりも管理しやすいから	8.1	14.2
家族や友人に勧められたから	7.1	3.9
専門家やインフルエンサーが勧めていたから	7.1	-0.8
キャンペーンが豊富だから	7.1	11.8
カードの名前を聞いたことがあったから	6.1	-2.4
支払い方の柔軟性が高いから(支払日/支払金額を調整できる等)	5.1	3.1
特典/付帯サービスが充実しているから	4.0	7.1
ステータス性が高いから	4.0	3.1
利用後にリアルタイムで管理できる(即時に利用明細が確認できる等)	3.1	-2.5
保有することで環境問題や社会問題に貢献できるから	3.0	-2.4
その他	-0.0	-1.6

0%　10%　20%　40%　60%

(複数回答/クレジットカード保有者 n=266)　※Z世代：99、バブル世代：127

出典：https://about.mercari.com/press/news/articles/20230417_zgen-mercard/ を元に作成

CHAPTER 2　Z世代と社会課題&お金

ミレニアル世代向け
キャッシュレスサービス

　Z世代向けのキャッシュレスサービスだけでなく、ミレニアル世代向けキャッシュレスサービスも一つご紹介します。

　「マスターカード（Mastercard）」最上位クラスのクレジットカードに「ラグジュアリーカード（LUXURY CARD）」があります。日々の決済はもちろん、日常から旅行シーンまで、質の高いパーソナルサービスを提供する金属製カードです。もともとはアメリカのクレジットカードなのですが、2016年に日本に上陸しました。

　日本では会員数が順調に増えており、2019年には約3倍に増加したとのこと。年会費は5万〜20万円と高額でありながら、会員さんの半数近くをミレニアル世代が占めているようです。

　実際、私もこのラグジュアリーカードを3年以上愛用しています。お安くはない年会費をお支払いしているのですが、他のカードでは得難い体験価値をご提供いただいているので満足しています。

　例えば、ラグジュアリーカード会員向けの毎月のイベントに「ソーシャルアワー」があります。バーやレストランに会員さんが数十名集い、お酒やフィンガーフードを片手に、他の会員さんと交流することができる会です。仕事や趣味に繋がる出会いもあり、私だけでなく多くの会員さんからも好評です。

　私はソーシャルアワーが好きでよく参加するのですが、たしかにミレニアル世代の会員さんも多いです。以前は私より年上の方が多かったのですが、段々と20代半ばの会員も増えてきたようで、Z世代にも浸透しつつあるのかもしれないなと思います。

Z世代の消費傾向と
購買モデル

　Z世代向けのマーケティングを考える際には、Z世代の消費傾向、購買モデルを把握すると良いでしょう。

　ここでは、Z世代の特徴を踏まえつつ、有効なマーケティング施策に繋がるヒントをお伝えします！

Z世代の消費傾向の概要

Z世代に向けたマーケティングを考える前に、まずはZ世代の消費傾向を把握しましょう。

1 Z世代は「ソーシャルネイティブ」

Z世代は**ソーシャルネイティブ**と呼ばれることもあります。主にSNSで情報を集め、第三者のクチコミやレビューを購買の意思決定に反映させる傾向があるからです。そのためZ世代は、アナログ文化に慣れ親しんだ世代とは、消費傾向が異なる場合があります。

2 Z世代の購買モデル

従来は、下記のような購買モデルが一般的でした。

- **AIDMA**：認知→関心→欲求→記憶→行動（購入）
- **AISAS**：認知→関心→検索→行動（購入）→共有

しかし最近では、SNS世代の購買行動に合わせた下記などのモデルが登場しています。

- **VISAS**：クチコミ→影響→共感→行動（購入）→共有
- **SIPS**：共感→確認→参加→共有・拡散
- **ULSSAS**：UGC（ユーザー生成コンテンツ）→いいね・リツイート→SNS検索→検索エンジンにて検索→購買行動→拡散
- **DECAX**：発見→関係構築→確認→行動（購入）→体験と経験

18 購入モデル「DECAX」

Discovery (発見)

▼

Engage (関係構築)

▼

Check (確認)

▼

Action (行動)

▼

eXperience (体験)

出典：マケフリ「購買行動モデル『「DECAX」の概要や事例、その他の購買行動モデルとの違いを徹底解説」を元に作成

19 Attention とDiscovery

Attention

企業が広告等を出して、
消費者に気づいていただく

Discovery

消費者が自ら探し、
発見する

出典：購買行動モデル「DECAX」の概要や事例、その他の購買行動モデルとの違いを徹底解説 ｜ マケフリ (makefri.jp)

CHAPTER 3
2

VISAS（Z世代の購買モデル①）

Z世代の購買行動に合わせた購買モデルであるVISASについて解説します。1900年代からの流れも踏まえながらご説明いたします。

1 クチコミの影響によって消費者が行動

VISASはSNSマーケティングにおける消費者行動モデルです。下記の流れで、**クチコミ**によって消費者が行動する様子を表しています。

- ・ **V** Viral ………………商品のクチコミが生まれる
- ・ **I** Influence…………クチコミに影響される
- ・ **S** Sympathy ………クチコミに共感が生まれる
- ・ **A** Action……………商品を購買する
- ・ **S** Share……………商品を共有する

2 クチコミにはじまりクチコミに終わる

VISASは、クチコミにはじまりクチコミに終わる流れとなっています。Z世代をはじめとして、ネットでリサーチしてから購買する習慣がある人にとって、クチコミ（レビュー）はその商品を買うか判断する際の大きな参考になります。

そのため、良いクチコミが溢れるような製品・サービス作りとマーケティングを大事にしましょう。筆者もAmazonなどで良いレビューをいただけるような本作りを心がけています。

FIGURE 20 VISAS

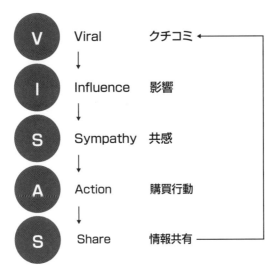

V	Viral	クチコミ
I	Influence	影響
S	Sympathy	共感
A	Action	購買行動
S	Share	情報共有

出典：https://www.re-fine.jp/sales-up/2021/07/16/sns-consumermodel/

FIGURE 21 販売決定プロセスの変遷

年代	購買決定プロセス	モデル名
1900〜	マスメディア広告型	AIDA、AIDMA、AMTUL
2005〜	インターネット検索型	AISAS、AISCEAS
2010〜	ソーシャルメディア共有型	VISAS、SIPS
2015〜	コンテンツ発見型	DECAX、Dual AISAS

SIPS（Z世代の購買モデル②）

CHAPTER 3-3

> Z世代の購買行動に合わせた購買モデルであるSIPSについて解説します。SNS時代の購買モデルについて解説していきましょう。

1 クチコミの影響によって消費者が行動

　SIPSもVISAS同様、SNSマーケティングにおける消費者行動モデルです。下記の流れで、SNSを通して共感できる情報を見つけた消費者が行動する様子を表しています。

- ・ **S**　Sympathize……………消費者が共感する
- ・ **I**　Identify………………ネットで確認をする
- ・ **P**　Participate……………消費者行動に参加する
- ・ **S**　Share&Spread………共有し拡散する

　伝統的な購買モデルである**AIDMA**や**AISAS**では、マスメディアの広告で知って「検索する」ことが行動の始まりでしたが、SIPSではSNSで見つけて共感することが行動の始まりとなっています。

2 購入には至らずとも消費行動に参加

　SIPSでは**Instagram**や**X**(旧Twitter)、**TikTok**などのSNSを通して共感できる情報を見つけて、その情報について検索して確認します。その後、購入に至らなかったとしても、**いいね**や**リツイート**、**シェア**などをする場合があります。

　これは購買を伴わない行動ですが、情報を共有し、別の消費者に広めることで消費行動に参加しているのです。

SIPS

Sympathy → Identify → Participate → Share & Spread
共感　　　　確認　　　　参加　　　　共有・拡散

出典：https://www.re-fine.jp/sales-up/2021/07/16/sns-consumermodel/ を元に作成

23 参加者の4つのレベル

レベル		概要
Evangelist	伝道者	私的ファンコミュニティ作る
Loyal Customer	支援者	会員長期継続、建設的改善要望
Fan	応援者	商品購入、会員登録、レビュー書き込み
Participant	ゆるい参加者	いいね、フォロー、試供品をもらう

CHAPTER
3
4

ULSSAS（Z世代の購買モデル③）

Z世代の購買行動に合わせた購買モデルであるULSSASについて解説します。

1 クチコミの影響によって消費者が行動

ULSSASも、SNSマーケティングにおける消費者行動モデルです。下記の流れで、SNSを通したマーケティングに消費者自身が参加する様子を表しています。

- **U** UGC ……………… ユーザーによるSNS投稿
- **L** Like ……………… 「いいね」や「リツイート」される
- **S** Search1 ……… SNSで検索される
- **S** Search2 ……… GoogleやYahoo!などの検索エンジンで検索される
- **A** Action ………… 商品を購入する
- **S** Spread ………… 商品を拡散する

2 UGCの生成を促せるかが鍵

Z世代は日々大量の情報に晒されながら生きてきたこともあり、広告に嫌悪感を抱きやすいとされています。そんな彼らに有効なのは**UGC**＊（ユーザー投稿コンテンツ）です。UGCはInstagramやTwitterなどの投稿・つぶやきであり、UGCも簡単にいうとクチコミと言えます。

この投稿やつぶやきが他のユーザーにいいねやリツイートされて注目度が高まることで、より多くの人の目に触れるようになります。

＊**UGC** User Generated Contents の略。

そこから一定数のユーザーが商品について興味を持ち、SNSや検索エンジンで検索して、商品の購入に至るという流れです。そしてそのユーザーがまたUGCを生成し、それがまた他のユーザーに届き…という流れを繰り返すのです。

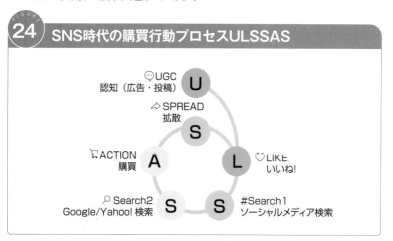

FIGURE 24　SNS時代の購買行動プロセスULSSAS

U　認知（広告・投稿）💬UGC
S　SPREAD 拡散
L　LIKE いいね!
A　ACTION 購買
S　Search1 #Search1 ソーシャルメディア検索
S　Search2 Google/Yahoo! 検索 🔍Search2

FIGURE 25　SNS時代の購買行動プロセスULSSAS

	プロセス	概要
U	UGC	新商品発売　➡　ユーザーが写真つきのツイートを投稿する。
L	Like	UGCを見たユーザーが投稿に「いいね」や「リツイート」。エンゲージメントが高くなるとリーチが伸び、より多くの人の目に触れるように。
S	Search1（SNS検索）	「いいね」がついたUGCを見たユーザーが、商品について気になり始める。SNS上で検索をして情報収集。
S	Search2（SNS検索）	商品を買える最寄りの店舗を知りたい。検索エンジンで指名検索。
A	Action（購買）	店舗に足を運び、商品を購入する。
S	Spread（拡散）	商品の写真を撮り、Twitter上に投稿。その投稿（UGC）にまたいいねがつき、ULSSASのサイクルが回り始める。

出典：ULSSAS（ウルサス）とは | メソッド | ホットリンク (hottolink.co.jp)

DECAX（Z世代の購買モデル④）

Z世代の購買行動に合わせた購買モデルであるDECAXについて解説します。

1 コンテンツマーケティングに対応

DECAXは、**コンテンツマーケティング**に対応した購買行動モデルです。下記の流れで、コンテンツの提供を通して消費者が行動する様子を表しています。

・**D** Discovery ……… 商品を自ら発見する
・**E** Engage ………… 関係を構築する
・**C** Check ……………… 確認する
・**A** Action …………… 行動する
・**X** eXperience……… 体験する

　コンテンツマーケティングとは、有益なコンテンツの提供を通じて、消費者とコミュニケーションをとりながら、お問い合わせやリード獲得に繋げるマーケティング手法です。

2 顧客との接点を増やし価値提供することが重要

　消費者と良好な関係を構築するためには、接点を増やし価値提供することが重要です。

　SNSでも良いですが、特に**メールマガジン（メルマガ）**は、継続的に消費者や見込み顧客と接点を持てるので、関係構築の方法としておすすめです。筆者も趣味と実益をかねてメルマガを毎日発行しています。

26 DECAX

消費者の体験が、発見や関係構築に影響する

Discovery（発見）

▼

Engage（関係構築）

▼

Check（確認）

▼

Action（行動）

▼

e**X**perience（体験）

消費者が体験をシェアすることで、
新しい消費者に発見されやすくなる

出典：https://makefri.jp/marketing/6871/

27 メルマガの例：筆者のメルマガ

URL: https://tr2wr.com/lp

継続的に消費者や
見込み顧客と
接点が持てます。

Z世代にも有効なDRM

ここでは、Z世代にも有効なDRMについて解説します。

1 DECAXで活用されるDRM

DRM＊（ダイレクトレスポンスマーケティング）とは、宣伝に対して問い合わせなどの反応（レスポンス）をしてくれたユーザーに、直接（ダイレクトに）商品を販売するマーケティング手法です。例えば、テレビショッピングの最後に電話番号を強調する、Webサイト上で詳細を知りたい人向けに資料請求フォームを設置するなどにより見込み顧客の反応を促します。大手企業からフリーランスまで実践している手法です。DRMは能動的な反応があった見込み顧客のみを対象とするので、とても効率的なマーケティング手法となっています。SNSマーケティングと組み合わせるとより効果的です。

2 DRMの基本的な流れ

DRMは下記のような流れで行います。

1. 見込み顧客を集める
2. **リードナーチャリング**を実施する
   （見込み顧客の共感を呼び、信頼してもらう）
3. 商品・サービスを販売する

なお、このように見込み顧客を集めて信頼関係を構築してから商品を販売する手法を、2ステップマーケティングといいます。

＊**DRM** Direct Response Marketing の略。

28 ダイレクトレスポンスマーケティング

集客 ➡ 育成 ➡ 販売・契約

Webや広告で 見込み顧客を集める	見込み顧客との 信頼関係を構築する	オファーで後押し 販売に繋げる

詳しくはこちら！

健康な生活に！

○○茶の成分は
……
こんな効果
……

このメールを
受け取った方限定
お得パック！

出典：https://lp.scala-com.jp/topics/drm_point/ を元に作成

29 1ステップマーケティングと2ステップマーケティング

1ステップマーケティングと2ステップマーケティング
見込み客を集める（リードジェネレーション）

 1ステップマーケティング
広告で直接商品を販売する手法。
早く結果を得られる。成約率が低い。

 2ステップマーケティング
見込み客を集めて、
信頼関係を構築してから
商品を販売する手法。
コンテンツマーケティング。
高額商品を売りやすい。

出典：https://mitsuhikoyokoyama.com/drm/3rules/ を元に作成

あなたもできるDRM

Z世代にも有効なDRMの簡単な実践方法を解説します。

1 あなたが料理が得意だったら…

　あなたもできる**DRM**の例を挙げます。例えばあなたが料理が得意だとします。そこで、TwitterやInstagramで下記のような案内を流します。

　「このメルマガ（公式LINE）に登録してくれたら、『5分でできる超時短レシピ30選』とその解説動画を24時間限定でプレゼント！」

　そして登録してくれた人に無料で価値（レシピ）提供をしつつ、良い関係性を構築して、もっと学びたい人向けに有料レシピや、お料理教室を案内します。そうすると、例えば登録してくれた10人のうち1人くらいは商品やサービスを購入してくれるかもしれません。

2 お客様に喜んでいただけるもの・ことを販売しよう

　ちなみに筆者は、このような手法も利用して出版講座をモニター販売し、2日間で約19万円売り上げてみたことがあります。この時は、万が一ご満足いただけない場合は全額返金保証にし、お客様が安心してお申し込みできるようにしました。このように、お客様が申し込まない理由を1つひとつ丁寧に取り去ってあげることも重要なのです。

あなたもお客様にご満足いただけるようなサービスを提供するのであれば、DRMに取り組んでみても良いでしょう。お客様に喜んでいただけるのは、大変嬉しいものですよ。

FIGURE 30 DRMの3原則

**見込み顧客
を集める**

リードジェネレーション

**見込み顧客
を育成する**

リードナーチャリング

**見込み顧客
に販売する**

セールス

出典：https://mitsuhikoyokoyama.com/drm/3rules/ を元に作成

FIGURE 31 DRMのメリット

メリット	デメリット
購買確度の高いユーザーのリストが作れる。	リードナーチャリングに時間を要する場合がある。
少額の費用でも成果を得られやすい。	
顧客分析がしやすい。	
Web（インターネット）との相性が良い。	

DRMで重要なステップメール

DRMで重要なステップメールについて解説します。作り方や、メルマガ配信スタンドも紹介します。

1 ステップメールとは

ステップメールとは、複数のメールを指定した順序・タイミングで送信する仕組みです。あらかじめ準備したシナリオに沿って順番にメールを送信し、顧客に対して段階的にアプローチします。

Z世代だけでなく、メールを使ういかなる世代にも活用できるマーケティング・セールス手法です。特に**リードナーチャリング**の場面で活用されます。

WebサイトやSNSにステップメールの登録フォームを設置し、ユーザーに登録してもらうことで、自動的にリードナーチャリングとセールス、商品の販売を行うことができる効率的な手法です。

2 ステップメールの作り方

1. 目的を明確にする
2. ターゲットを決める
3. カスタマージャーニーを作る
4. シナリオを設計する
5. メールの文面を作る
6. 配信を設定する
7. 結果の分析と改善を行う

なお、メルマガ配信スタンドは、MyASP（マイスピー）やエキスパを利用すると良いです。

32 無料レッスン・チャレンジを用いて顧客育成させる

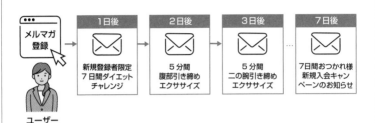

出典：https://willcloud.jp/use/stepmail/

33 販売フローを自動化する

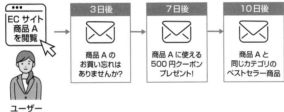

出典：https://willcloud.jp/use/stepmail/

34 アップセル・クロスセルを担う

出典：https://willcloud.jp/use/stepmail/

売上は自動化すべき理由

　売上はできるだけ自動化すべきだと私は思っています。つまり、あなたが遊んでいる時も寝ている時も、勝手に商品が売れ続ける仕組みを作るべきということです。

　そのためには、人を雇って組織化したり、ネット上でLPへ見込み顧客を誘導して、一定の割合で商品をご購入いただく仕組みを作るのがいいでしょう。

　では、売上を自動化すべき理由はなんでしょうか？　もちろん、あなた自身が楽をしやすくなるという理由もありますが、1番の理由はあなたの能力や時間を最大限に有効活用し、より多くの価値をお客様、もっと広く言えばこの世の中に提供しやすくできることです。

　あなたがアルバイトやサラリーマンのように働いた分だけしか収入を増やすことができない（労働収入で生きている）場合、収入を増やそうと働けば働くほど、自由な時間が少なくなります。

　しかも、あなたがなんらかの理由によって働けなくなった場合、一定期間は保険などによりある程度の収入が保証されますが、再び働きはじめない限り、いずれ収入が途絶えます。つまり、超高級取りのサラリーマンもフリーターも、程度の差はあれ自転車操業ということです。自転車操業では、なかなか余裕が生まれません。

　しかし、売上を自動化することであなたには金銭的にも時間的にも余裕が生じます。その生じた余裕と優れた能力を有効活用すれば、さらにあなたらしい価値を社会へもたらすこともできるでしょう。

CHAPTER

4

Z世代とSNS

　Z世代向けのマーケティングを考える際に超重要なのが
SNSです。今ではバブル世代や団塊世代の方もSNSを使う
ことは珍しくありませんが、どのSNSを使うか、そのSNS
をどのように使うかという点では、Z世代と大きく異なる場
合もあります。Z世代が好むSNSやその使い方を見ていき
ましょう！

そもそもSNSとは？

念のため、SNSとはどんなもので、どんな種類があるか確認しましょう。

1 そもそもSNSとは？

SNS*は登録された利用者同士が交流できる会員制サービスのことです。

全世界に向けて発信することもできれば、友人同士や、同じ趣味を持つ人同士のみでやりとりすることもできたりと、活用の仕方は利用者次第です。

SNSは無料で使えることが多いですが、SNSの運営企業は広告を流したり有料サービスを提供することで収益化しています。

著名なSNSには多くのユーザーが集まるため、企業が自社のアカウントを運営し、自社の広報として利用することも多いです。

2 著名なSNS

日本で著名なSNSには下記があります。それぞれ活用用途が違う部分があり、ユーザー層も変わってきます。

・Facebook	・TikTok
・Instagram	・X（旧Twitter）
・LINE	・YouTube
・LinkedIn	

＊SNS　Social Networking Service の略。

35 SNSの種類

種類	特徴	代表的なSNS
コミュニティ型SNS	個人間のコミュニケーションを主たる目的とする	Facebook、mixi、LinkedIn
フロー型SNS	タイムラインにリアルタイム投稿が流れる	X(旧Twitter)、Mastdon
メッセージアプリ型SNS	音声通話やグループ通話、ビデオ通話、チャット機能が可能	LINE、WhatsAp、Skype
写真(画像)共有型SNS	写真共有が中心	Instagram
動画投稿・共有型SNS	動画投稿・共有が中心	YouTube、TikTok
ライブ配信アプリ型SNS	リアルタイムの動画配信中心	17LIVE、Pococha、LINE LIVE
音声配信型SNS	音声配信が中心	Voicy、stand.fm

36 SNSのコンテンツの種類

種類	概要
オープン型	不特定多数のユーザーに公開されるもの
クローズ型	特定のユーザーにしか公開されないもの

種類	概要
ストックコンテンツ	時間が経過しても、情報の価値が下がりにくいコンテンツ
フローコンテンツ	時間が経つにつれ、情報の価値が下がるコンテンツ

Instagram
（Z世代に好まれるSNS①）

Z世代に好まれるSNSの１つとして、まずはInstagramについて、その特徴やできることなどについて解説します。

1 そもそもInstagramとは？

Instagram（**インスタグラム**）は、**インスタ**の呼称で親しまれるSNSです。Meta傘下の写真・動画メインのSNSで、全世界で月間10億人以上が利用するなど、圧倒的な人気を誇っています。

特に若年層からの支持が厚く、モバイル社会研究所が2020年に実施した調査によると、日本国内では「スマートフォンを所有する10代女性の8割以上が利用している」とのことです。

また、全世代でも男女問わず3割近いユーザーがいるなど、シニア層含め幅広い世代に利用されています。さらに、ユーザーの半数以上は毎日インスタグラムを利用しているという結果も出ています。

2 Instagramでできること

Instagramは、写真・動画の撮影・編集・共有に特化したSNSです。自分で撮影した写真や動画を、フィルターや文字入力などの編集機能を使っておしゃれに加工し、共有できます。

写真や動画を「投稿」として共有することもあれば、24時間しか見ることのできないストーリーで、今していることなどを気軽に共有することもできます。鍵アカ（許可した人しか見ることのできないアカウント）にしたり、さらにフォロワーの中でも特に仲の良い人にしかストーリーを見せないように設定することもできます。

また、**DM**（ダイレクトメッセージ）機能を使って、LINEではなく
Instagramで個人的なやりとりをする人もいます。

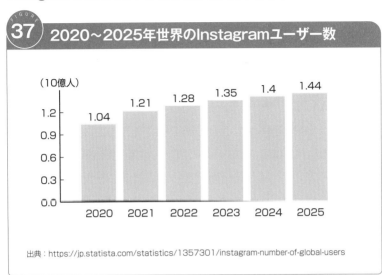

FIGURE 37

2020〜2025年世界のInstagramユーザー数

（10億人）

出典：https://jp.statista.com/statistics/1357301/instagram-number-of-global-users

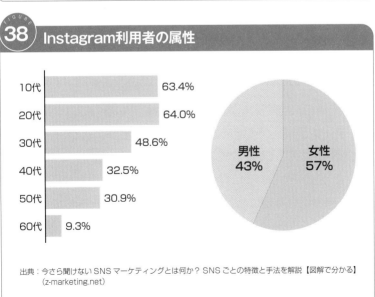

FIGURE 38

Instagram利用者の属性

10代	63.4%
20代	64.0%
30代	48.6%
40代	32.5%
50代	30.9%
60代	9.3%

男性 43%　女性 57%

出典：今さら聞けないSNSマーケティングとは何か？ SNSごとの特徴と手法を解説【図解で分かる】
（z-marketing.net）

LINE
（Z世代に好まれるSNS②）

次に、LINEについて、その特徴やできることなどについて詳しく
解説します。

1 そもそもLINEとは？

さすがに**LINE**を使ったことのない日本在住の方はかなり少数派
になってきたと思いますが、一応ご説明します。LINEはスマホやパ
ソコン、タブレットなどで利用できるコミュニケーションアプリで
す。LINEユーザー同士で、メッセージのやり取り、音声通話、ビデ
オ通話ができます。世界のどこにいてもネット環境さえあればすべ
て無料で使えるので、国際電話をかけていた時代と比べたらかなり
便利な時代となりました。なお、日本国内の月間利用者数は2021
年4月時点で8,600万人以上であり、スマホを持たない人を除くと
ほとんどの日本人がLINEを使っていると言えます。

2 公式アカウントやLステップも

LINEはこれだけ日本国内に広く浸透しているので、LINEを活用
したマーケティング施策をとっている企業も多いです。例えば、誰
でも無料で使える**LINE公式アカウント**は筆者も活用しています。

LINE公式アカウントに登録することによって、企業や店舗からお
客様に直接情報を届けることができます（メッセージ数によっては
有料）。再来店や継続的な集客を狙った情報発信をすることで、売上
の創出に貢献するのです。前述したDRMですね。

また、LINE公式アカウントに登録いただいた方とは、個人のLINE
のようにメッセージや電話でやり取りすることができます。これに

より、お客様から質問やご意見を気軽にいただくことができます。

なお、LINEでも自動的にリードナーチャリングを実施する機能を実装することができます。LINEをステップメールのように、配信できるマーケティングツールでは、**Lステップ**などが有名です。

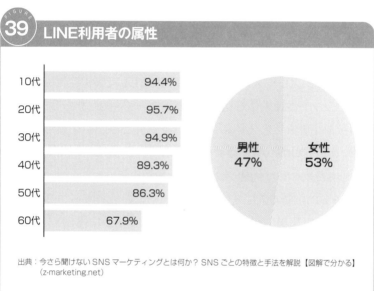

FIGURE 39 LINE利用者の属性

10代	94.4%
20代	95.7%
30代	94.9%
40代	89.3%
50代	86.3%
60代	67.9%

男性 47%　女性 53%

出典：今さら聞けないSNSマーケティングとは何か？ SNSごとの特徴と手法を解説【図解で分かる】（z-marketing.net）

FIGURE 40 LINE利用者の推移

2012	2013	2014	2015	2016	2017	2018	2019	(年)
20.3	44.0	55.1	60.6	67.0	75.8	82.3	86.9	(%)

出典：今さら聞けないSNSマーケティングとは何か？ SNSごとの特徴と手法を解説【図解で分かる】（z-marketing.net）

Threads
(Z世代に好まれるSNS③)

次に、Threadsについて、その特徴やできることなどについて
解説します。

1 そもそもThreadsとは

Threads（スレッズ）は、Meta傘下の新しいSNSで、Instagram
のアカウントと連動して利用します。サービス開始から5日間で利
用者数が1億人を超えるなど、世界中で大きな注目を集めました。
なお、これはOpenAIが運営するAIアプリChatGPTが保有してい
た、利用者数1億人到達の最短記録を更新しました。

Threadsは基本的にX（旧Twitter）（後述）と同じようなSNSに
なっており、文章や画像、動画をツイートのように発信（Threads
では「Post」という）をすることができます。

2 Threadsの可能性は未知数

Threadsは、Metaの新しいSNSということで、サービス開始時
から非常に大きな注目を集めました。全世界で月間10億人以上の
ユーザーが利用するInstagramと連動しているため、試しに使って
みる人が多かったようです。筆者もサービス開始からほどなくして
Threadsのアカウントを開設しました。

しかし、Threadsの日別利用者数は公開後数週間で急速に落ち始
めているという報道もあり、必ずしも軌道に乗っているとは言えな
い状況となっています。

Threadsが今後その他のSNSの代替となる可能性はあるので、マーケティングに活用する場合には早めにアカウントを育てておくと良いでしょう。サービス開始時はボーナス期間のようなものなので、アカウントを伸ばしやすいと言えます。しかし、Threadsが期待通りに流行るとは限らないので注意が必要です。

41 ThreadsとX（旧Twitter）の比較

	Threads	X（旧Twitter）
所有者	マーク・ザッカーバーグ	イーロン・マスク
投稿可能な文字数	500字	280字※
リンク	可	可
画像	可	可
動画	最長5分	最長2分20秒※
認証マーク	あり（Instagram経由）※	なし※
投稿の削除	可	可
投稿の編集	不可	不可※
ダイレクトメッセージ	なし	あり
トレンド機能	なし	あり
ハッシュタグ機能	なし	あり

※有料サービス 「ツイッターブルー」が、認証マーク、編集機能、より長い文章や動画の投稿などを提供している。また、一部の組織は認証を受けている。出所：メタ、ツイッター

出典：https://www.bbc.com/japanese/66161303

TikTok
(Z世代に好まれるSNS④)

次に、TikTokについて、その特徴やできることなどについて詳しく解説します。

1 そもそもTikTokとは？

TikTokは短尺の動画（ショート動画）をシェアできるSNSです。以前は楽曲に合わせて女子高生が踊っている動画ばかりというようなイメージがありましたが、昨今ではノウハウ紹介や学習系コンテンツも充実したプラットフォームとなっています。

TikTokは強力な**レコメンド機能**（ユーザーが興味のありそうな動画を表示する機能）を持っており、拡散力が高いという特徴があります。従来のSNSでは、自分がフォローしているユーザーのコンテンツが主に流れていましたが、TikTokではフォローしているユーザーのコンテンツに加え、あなたが興味を持ちそうなコンテンツがフォロー関係なしにどんどん流れてきます。

そのため、逆にあなたのアカウントのフォロワーが少なかったとしても、投稿すればほぼ必ず200〜300名程度のユーザーに表示されると言われています。

2 TikTokの活動範囲

TikTokは上記のような特徴を持つため、うまくユーザーの興味を引く動画を発信できれば、認知度を一気に向上させられる可能性があります。そのため、商品の紹介をしたり、採用活動に活用したりと、企業での活用も増えています。

TikTokは完全無料で使えるほか、ある程度手の込んだ編集もスマホで気軽にできます。そのため、広告費をかけずに認知度を向上させたい場合は、積極的にTikTokを利用すると良いでしょう。しかしその場合は、「広告っぽくない動画」を心がけるのがおすすめです。特にZ世代は頻繁にネット上の広告に触れており、広告への嫌悪感が強いからです。

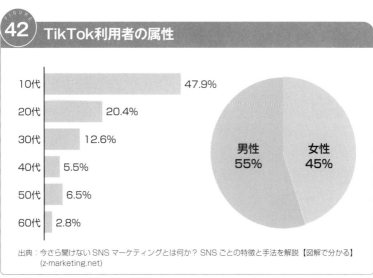

FIGURE 42 TikTok利用者の属性

10代	47.9%
20代	20.4%
30代	12.6%
40代	5.5%
50代	6.5%
60代	2.8%

男性 55%　女性 45%

出典：今さら聞けないSNSマーケティングとは何か？ SNSごとの特徴と手法を解説【図解で分かる】
(z-marketing.net)

FIGURE 43 数字で見るTikTok

2020年世界のアプリ
ダウンロード数
1位

1日の平均視聴時間
42分
=160～180動画

出典：今さら聞けないSNSマーケティングとは何か？ SNSごとの特徴と手法を解説【図解で分かる】
(z-marketing.net)

X（旧Twitter）
（Z世代に好まれるSNS⑤）

Z世代に好まれるSNSとして、次に、X（旧Twitter）について、その特徴やできることなどについて詳しく解説します。

1 そもそもX（旧Twitter）とは？

X（旧Twitter）は140字の文字数制限の中、文章や画像、動画を発信できる（つぶやくことができる）SNSです。「いいね」「リツイート」などの機能により、注目されるコンテンツが拡散されやすいプラットフォームとなっています。また、**リプライ（リプ、返信）**や**DM（ダイレクトメッセージ）**機能により、一般ユーザーでも有名人や企業アカウントと直接交流することができます。

「眠い」「お腹すいた」などの日常のつぶやきから、企業のプロモーションまで様々なつぶやきで溢れるプラットフォームです。

2 大きな変化を遂げるX（旧Twitter）

2023年にイーロン・マスク氏がTwitterを買収したことも大きな話題となりました。様々な改革が進められていますが、ユーザーにも大きな影響があるのが**Twitter Blue**という月額課金制度です。

X（旧Twitter）は基本的に無料で使えますが、Twitter Blueに加入すると下記などが可能になります。マーケティングのためにX（旧Twitter）に力を入れたい場合は加入すると良いでしょう。

・アカウントに認証マークがつく
・ツイートが優先的に表示される
・500文字までツイートできる

44 X（旧Twitter）利用者の属性

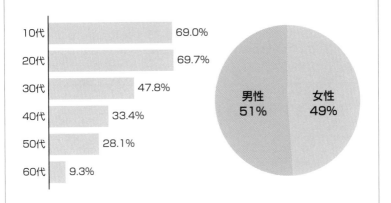

10代	69.0%
20代	69.7%
30代	47.8%
40代	33.4%
50代	28.1%
60代	9.3%

男性 51%　女性 49%

出典：今さら聞けないSNSマーケティングとは何か？ SNSごとの特徴と手法を解説【図解で分かる】
（z-marketing.net）

45 X（旧Twitter）の利用目的

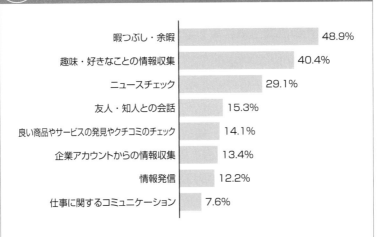

暇つぶし・余暇	48.9%
趣味・好きなことの情報収集	40.4%
ニュースチェック	29.1%
友人・知人との会話	15.3%
良い商品やサービスの発見やクチコミのチェック	14.1%
企業アカウントからの情報収集	13.4%
情報発信	12.2%
仕事に関するコミュニケーション	7.6%

出典：今さら聞けないSNSマーケティングとは何か？ SNSごとの特徴と手法を解説【図解で分かる】
（z-marketing.net）

YouTube
（Z世代に好まれるSNS⑥）

Z世代に好まれるSNSの1つとして、次に、YouTubeについて、その特徴やできることなどについて詳しく解説します。

1 そもそもYouTubeとは？

改めて説明するまでもないかもしれませんが、**YouTube**は**Google**社が運営する世界最大の動画共有サービスです。誰でもいつでも観たい動画を閲覧することができます。また、Googleアカウントを持っていれば誰でも動画を投稿することができます。

MarkeZineが2022年3月31日〜2022年4月4日に実施した調査では、Z世代の過半数がYouTubeの視聴に時間を使っていると回答するなど、YouTubeが多くのZ世代の生活に浸透していることがわかります。

2 Z世代の購買活動に大きな影響を与えるYouTube

株式会社**Macbee Planet**が、1日に2時間以上SNSを使用しているZ世代（18〜26歳）を対象に調査（期間は2023年5月31日〜同年6月5日）を実施しました。その中で、SNSのコンテンツ（Instagram、TikTok、YouTube、Twitterなど）を閲覧後に商品やサービスの購入に至った経験があるかという問いへの回答は、「何度もある」が29.7%、「数回程度ある」が36.9%となりました。

さらに、上記の質問に「何度もある」「数回程度ある」「一度だけある」と回答した人を対象に、閲覧後に商品やサービスの購入に至ったSNSを質問したところ、「YouTube」は64.6%であり、67.1%で1位の「Instagram」に次いで大きな割合を示しました。

46　Z世代は何に時間を使っているか

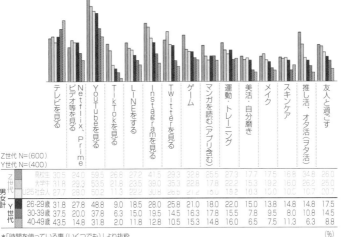

		テレビを見る	Netflix・Prime ビデオ等を見る	YOUTUBEを見る	TikTokを見る	LINEをする	Instagramを見る	Twitterを見る	ゲーム	マンガを読む(アプリ含む)	運動・トレーニング	美活・自分磨き	メイク	スキンケア	推し活・オタ活(ヲタ活)	友人と過ごす
Z世代 男女計	高校生	30.5	24.0	59.5	26.8	27.2	41.5	29.3	32.8	25.5	27.3	17.7	17.5	16.8	34.8	26.0
	大学生	31.8	29.3	53.5	21.8	23.5	39.0	35.3	22.8	17.8	22.2	15.3	19.2	16.0	26.2	25.0
	U25社会人	27.7	28.0	50.2	11.3	22.2	30.8	26.5	21.2	16.0	19.2	10.3	15.0	10.5	10.7	20.7
Y世代 男女計	26-29歳	31.8	27.8	48.8	9.0	18.5	28.0	25.8	21.0	18.0	22.0	15.0	13.8	14.8	14.8	17.5
	30-39歳	37.5	20.0	37.8	6.3	15.0	19.5	14.5	16.3	17.8	15.5	7.8	9.5	8.0	10.8	14.5
	40-49歳	43.5	14.8	31.8	2.0	11.8	12.8	10.5	15.3	14.8	16.0	6.5	7.5	11.3	6.3	8.8

Z世代 N=(600)
Y世代 N=(400)

＊「時間を使っている事（いくつでも）」より抜粋　　　　　　　　　　　　　　(%)

出典：https://markezine.jp/article/detail/39894

47　閲覧後に商品やサービス購入に至ったSNS

●閲覧後に商品やサービスの購入に至ったSNSについて教えてください。

Instagram	67.1%
YouTube	64.6%
TikTok	40.5%
Twitter	40.5%
その他	2.5%
わからない / 答えられない	1.3%

出典：https://prtimes.jp/main/html/rd/p/000000102.000023647.html

実はSNSに疲れているZ世代

SNSが必須な時代を生きているからこそ、Z世代はSNSに疲れているという現状もあります。

1 SNS疲れを感じる点

SHIBUYA109 lab.が2023年3月に発表した「Z世代のスマホに関する意識調査（調査対象：15〜24歳）」によると、Z世代の約半数が「SNS疲れ」を感じているようです。

「どういった点にSNS疲れを感じるか」という問いへの回答で一番多かったのが、「返信の義務感（43.3%）」、続いて「返信が来ないことへの不安（35.6%）」でした。LINEやInstagramのDMでのやり取りを負担に感じていることが分かります。

他の理由には、「情報量の多さ」「他人の生活を羨ましいと思ってしまうこと」「炎上している様子や言い合いが目に入ってしまうこと」など、他者の投稿内容に対するストレスに関連した回答が多い結果となりました。

2 従来のSNSに疲れた人向けSNS

下記のような、従来のSNSに疲れた人向けのSNSが一部では好まれています。

- ・BeReal（ビーリアル）
- ・Gravity（グラビティ）
- ・ZEPETO（ゼペット）
- ・Bondee（ボンディー）

BeRealとGravityについては本CHAPTERで、ZEPETOと
BondeeについてはメタバースのCHAPTERで解説します。

FIGURE 48 SNSに関するアンケート調査

「SNS疲れ」に関してあなたにあてはまるものを教えてください。（単一回答）

n= 465 （男性: 227 /女性: 238 /高校生: 231 /大学生・短大・専門学校生: 234）

「SNS疲れ」を感じる

	0%	20%	40%	60%	80%	100%

あてはまる
51.0%

全体	14.0	37.0	24.5	24.5
高校生	11.7	36.8	21.2	30.3
大学・短大・専門学生	16.2	27.7	27.8	18.8

あてはまらない
49.0%

「SNSをやめたい」と思う

あてはまる
28.4%

全体	8.6	19.8	38.5	33.1
高校生	7.8	13.4	37.7	41.1
大学・短大・専門学生	9.4	26.1	39.3	25.2

あてはまらない
71.6%

■とてもあてはまる　■ややあてはまる　■ややあてはまる　■まったくあてはまらない

出典: https://shibuya109lab.jp/article/230329.html

返信の義務感や、返信が
来ないことへの不安が、
SNS疲れの原因の上位に
なっています。

BeReal
(SNSに疲れた人向けSNS①)

SNSに疲れたZ世代が好むSNSであるBeRealの特徴や使い方について、解説します。

1 リアルな日常を投稿するBeReal

BeReal（ビーリアル）は、リアルな日常を投稿するSNSです。2020年にフランスでリリースされたもののあまり注目されませんでしたが、2022年に入ってからダウンロード数が急増しています。

BeRealでは1日1回ランダムな時間にアプリから通知が届きます。そして、通知が来たタイミングから2分以内に写真を撮影し、共有することになります。

つまり、従来のSNSのように下記のようなことはできません。

・撮り溜めた写真を共有する。
・写真映えするところに行く。
・流行りの物を買って紹介する。

2 「リアルの重視」は吉と出るか凶と出るか

BeRealは前述の通りリアルが重視されるSNSとなります。写真を加工するなどして盛ることはできません。その点、映えを意識しなくて済むので楽な側面はあるでしょう。

一方で、BeRealでは「リアルの格差」が可視化されやすいとも言えます。つまり、映える生活を送っているように取り繕えないため、リアルに充実している人（**リア充**）とそうでもない人の格差がよりわかりやすくなってしまいます。

49 SNSに関するアンケート調査

あなたが利用しているSNSについて教えてください。（複数回答）
n＝465（男性：227/女性：238/高校生：231/大学生・短大・専門学校生：234）

LINE	97.4
Instagram	81.7
動画配信サービス	81.3
X（旧Twitter）	78.7
TikTok	42.4
位置情報共有アプリ	12.3
Facebook	6.2
Bondee	2.8
Snapchat	2.6
Be Real	1.7
TapNow	0.6
その他のSNS	0.2
SNSは使用していない	0
スマホは持っていない	0

リアルを重視する
いやし系のSNSが
注目されています。

出典：https://shibuya109lab.jp/article/230329.html

Gravity
(SNSに疲れた人向けSNS②)

SNSに疲れたＺ世代が好むSNSであるGravityの特徴や使い方について、解説します。

1 癒されるやさしいSNS

Gravityは「癒されるやさしいSNS」をコンセプトとしており、「SNS疲れ」を解消するためのSNSとして人気を集めています。

Gravityには通常の投稿や「いいね」といった機能のほかに、下記などの特徴的な機能があります。

・共通の話題を持つ人々が集まる「星」のメンバーとなり、メンバー間で会話をしたり、質問箱に投稿することで、趣味の近い人々との出会いが楽しめる。
・フォロワー数、フォロー数を他人に表示する必要がなく、また、自分の投稿を拡散する手段がないので、自分と合う人のみとの交流が可能になる。

2 SNSには閉じたコミュニティ機能も求められている

SNSの魅力には、拡散性や新たなコンテンツや人との出会いがあります。一方、他者からの評価を気にするあまりSNS疲れが発生している側面もあります。

そういった場合には、(映えなくても) 気兼ねなく言いたいことが言える、GravityのようなSNSが求められることもあるのです。

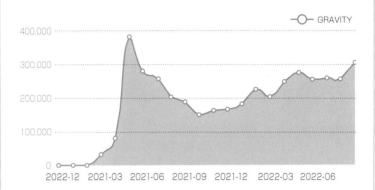

50 ユーザー数推移

GRAVITY

400,000
300,000
200,000
100,000
0

2022-12　2021-03　2021-06　2021-09　2021-12　2022-03　2022-06

「GRAVITY」起動ユーザー数の推移
「Dockpit」画面キャプチャ
期間：2020年12月～2022年9月
デバイス：スマートフォン

51 年代別利用者状況

年代　　ネット利用者全体　GRAVITY　Instagram　Twitter

60%
50%
40%
30%
20%
10%
0%

20代　　30代　　40代　　50代　　60代　　70歳以上

出典：https://manamina.valuesccg.com/articles/2097

Facebookは Z世代に あまり好まれない

「Z世代に好まれるSNS」として紹介しなかったFacebookについて、こちらで触れておきます。若者離れが進む理由なども解説します。

1 若者離れが進むFacebook

前述の「Z世代のスマホに関する意識調査」によると、LINE、Instagram、動画配信サービス、Twitterの4大SNSはそれぞれ利用率が約8割となり、ほとんどのZ世代が利用しているSNSであることがわかります。一方、ミレニアル世代以上の世代で人気があった**Facebook**の利用率は6.2%と10%以下になり、ほとんど使われていないことがわかりました。なお、私の同年代 (ミレニアル世代とZ世代の境目あたりの世代) の友人の間でも続々とFacebook離れが進み、Facebookは一応アカウントがあるだけという状態になっている人が多い印象です。代わりに彼らはInstagramを日々使っており、Instagramの「ストーリー」の利用率は特に高い傾向にあります。

2 Facebookはもはや中高年向けSNS

ではFacebookを使う人はいなくなったのかというと、そんなことはありません。Facebookは30代以上、特に40代以上の利用者が多く、「中高年向けSNS」のようになってきました。

このようになったことの一因に、若者が息苦しさを感じていることもあります。基本的に1人1アカウントで使うことが前提のFacebookでは、親など身近な大人と繋がる (友達になる) ことも多

く、友達だけに見せるような使い方がしづらいからです。

　私の場合、主に年上の方との交流のためにFacebookを利用しているほか、主宰しているコミュニティの運営のために、コミュニティページやイベント機能を活用しています。

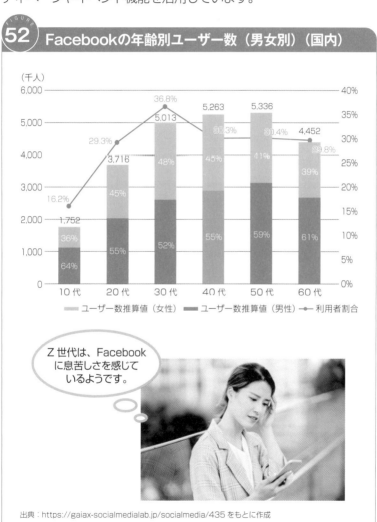

FIGURE
52) Facebookの年齢別ユーザー数（男女別）（国内）

（千人）

	10代	20代	30代	40代	50代	60代
ユーザー数	1,752	3,716	5,013	5,263	5,336	4,452
女性	36%	45%	48%	45%	41%	39%
男性	64%	55%	52%	55%	59%	61%
利用者割合	16.2%	29.3%	36.8%	30.3%	30.4%	29.8%

■ ユーザー数推算値（女性）　■ ユーザー数推算値（男性）　●利用者割合

Z世代は、Facebook
に息苦しさを感じて
いるようです。

出典：https://gaiax-socialmedialab.jp/socialmedia/435 をもとに作成

81

位置情報共有アプリを使うZ世代

一部のＺ世代から支持を集める位置情報共有アプリとはどんな
ものなのか解説します。

1 位置情報共有アプリとは？

位置情報共有アプリとは、名前の通り自分の位置情報を他の人と
共有するアプリです。フランスで開発された**Zenly**が人気でしたが、
2023年2月にサービスが終了したため、その後継として、
NauNau（ナウナウ）などが人気を集めています。NauNauは**バイ
ドゥ**株式会社が2023年1月に実施した調査「Ｚ世代が選ぶトレン
ド寸前の『次世代SNS』」で第１位となりました。

開発者の片岡氏によると、NauNauの利用者の７割以上が中学
生、高校生、大学生となっているものの、45〜54歳の利用者からも
支持されています。家族同士で位置情報を共有して、子どもの防犯
や高齢の親の見守りを目的として使っているようです。

2 「SNS疲れ」も人気の一因か

位置情報共有アプリが人気なのは、「SNS疲れ」も理由の１つと
考えられます。InstagramやTikTokのユーザーは、「発信して友達
に見てほしいけど、反響を考えるとなんとなく気が引ける」と思う
こともあるでしょう。

一方、位置情報共有アプリは、何もしなくても常に情報を発信で
きる気楽さがあります。わざわざ写真を撮ったり、投稿内容を考え
たりする必要がありません。

「彼（彼女）とちょっと話したいな」と思うもののわざわざ連絡するまでもない時などに、近くにいたら話しに行く、といった使い方ができます。

FIGURE

53) **Z世代が選ぶ次世代SNSに関する調査**

Z世代が選ぶ!!

トレンド寸前！次世代SNSトップ10

❶ NauNau	❻ Bonfire
❷ GRAVITY	❼ くるっぷ
❸ Pinterest	❽ MONIE
❹ Yay!	❾ BeReal
❺ mixi	❿ Snapchat

NauNauは、
次世代SNS第1位に
選ばれ大人気！

出典：https://prtimes.jp/main/html/rd/p/000000657.000006410.html を元に作成

SNSは毒か薬か

　SNSは便利で楽しい一方、弊害も多いです。やらなければいけないことがあるのに、ついついSNSに時間を取られてしまった経験がある人も多いでしょう。私もよくあります。早く原稿を仕上げなきゃと思いつつ、なんだかんだSNSを見てしまうことがあります。

　私の場合は業務でもSNSを使っているのでしょうがないと自分を甘やかしがちですが、普通に考えたらスマホをどこか遠くに追いやって、早く原稿を仕上げるべきなんですよね…。

　SNSが厄介なのは、この現代社会において他の人とそれなりの交流を持とうとする場合、必須のツールとなってしまっていることです。SNSに疲れて辞めたいと思っても、なかなかスパッと辞められる精神力の強い人はあまり多くないと思います。

　SNSをプライベートのみで使っている場合はまだマシです。私のように仕事とプライベートの境が曖昧なライフスタイルを送っている場合、「SNS疲れた〜、1日放置しよう」と思ってSNSを放置した場合、仕事の連絡が滞ってしまう場合があります。

　私は比較的「返信早いまめなキャラ」で生きてきたのですが、これではなかなかデジタルデトックスできないので、「返信がまあまあ遅いキャラ」として生きていこうかと真面目に思ったりします…。

　とはいえ、SNSやメールを1日放置するといろいろ滞るので、半日放置するプチデジタルデトックスを私はたまに実践＆推奨しています。程良い距離を取ることで、毒にも薬にもなるSNSと上手にお付き合いしていきたいものですね。

Z世代に響くショート
動画攻略法（前提編）

　Z世代に大人気のTikTokをはじめ、様々な著名SNSが
ショート動画に力を入れています。大手企業がこぞって
ショート動画市場に参入する理由は、タイパが重要なZ世代
に訴求するにはショート動画が効果的だからです。SNSマー
ケティングにおけるショート動画の重要性は日に日に高まっ
ています。

　ここではショート動画サービスの覇者と言えるTikTokを
主な例に、ショート動画を攻略するための基礎知識をお伝え
します！

ショート動画での筆者の成功事例

ショート動画攻略法をお伝えするにあたり、まずは私の実績を
ご紹介します。

1 初心者でも目指せるプチバズりをある程度の確率で達成

最初に正直に申し上げると、数百万回再生される動画を何度も
作ったことのある方と比べると、私はTikTokの達人というわけでは
ありません。ただ、初心者でも目指せる**プチバズる動画**をある程度
の確率で作成・投稿することができます。

具体的には、TikTokではあまり好まれない教育系の動画を作成・
投稿し、数本に1本は数万～10万回再生させることができていま
す。例えばエンタメや美味しいご飯関連の投稿と比べると、なかな
か再生数は伸びにくい中、まあまあ健闘している方だと思います。

なお、どのような動画が何回再生されているかご興味あれば、こ
ちらのアカウント（@matzm.tiktok）をご覧ください。私自身あま
りこういうことはしたくなかったのですが、TikTok攻略法を検証す
るための実験台（？）となって、多くの方が興味を持ちそうな社会課
題について語っています。このアカウントでは、教育系の分野でそ
こそこ頑張った場合、どのような反響が得られるか検証しているほ
か、私が執筆 or 監修した本の宣伝などもたまにしています。

2 TikTokで数百万回再生目指したい場合

TikTokが流行り、かつビジネスでの有用性も証明されているた
め、世の中には様々なTikTokコンサルタントがいます。そういう方
は大概早い段階からTikTokに取り組んだこともあり、数百万回再生

される動画を投稿できた方もいらっしゃいます。

　数百万回再生を目指したいのであればそういう方にお高めなコンサルティング料をお支払いするのが良いかもしれません。ただし、数年前と比べてTikTokを戦略的に攻略しようとしている企業や企業も増えてきたため、数百万回再生の難易度はかなり高くなってきたと言えます。

FIGURE 54　TikTokのコンテンツ多様化の歴史

出典：https://news.livedoor.com/article/detail/22252742

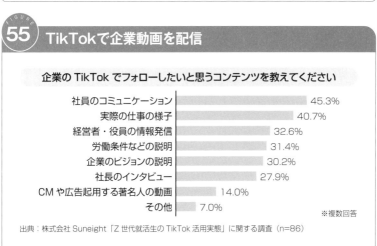

FIGURE 55　TikTokで企業動画を配信

企業の TikTok でフォローしたいと思うコンテンツを教えてください

コンテンツ	割合
社員のコミュニケーション	45.3%
実際の仕事の様子	40.7%
経営者・役員の情報発信	32.6%
労働条件などの説明	31.4%
企業のビジョンの説明	30.2%
社長のインタビュー	27.9%
CM や広告起用する著名人の動画	14.0%
その他	7.0%

※複数回答

出典：株式会社 Suneight「Z世代就活生の TikTok 活用実態」に関する調査（n=86）

TikTokを主な例としている理由

CHAPTER
5
2

ショート動画攻略法をお伝えするにあたり、TikTokを主な例と
している理由をご紹介します。

1 まずはTikTokを攻略すべし

ショート動画を楽しめる日本でメジャーなSNSには下記などが
あります。

・TikTok
・Instagram（リール）
・Facebook（リール）
・YouTube（YouTube ショート）

その中でTikTokを主な例としている理由は、TikTokがショート
動画の一番の激戦区と言えるからです。TikTokによるショート動画
市場が急速に伸びたことを受け、他のSNSもショート動画に力を入
れているという経緯があります。

2 TikTokのユーザー層は意外と年齢高め

あなたがもし「TikTokは可愛い女の子がダンスしてるだけの
SNS」「若年層のユーザーばかりだからビジネスには使いづらい」と
いまだに思っているとしたら、それは少しまずい状態です。

実は、TikTokユーザーの平均年齢は意外と高いです。博報堂DY
メディアパートナーズや博報堂の調査によると、TikTokユーザーの
平均年齢は30代半ばとなっています。つまり、TikTokではZ世代
とともに様々な世代にアプローチすることができるのです。

しかもTikTokユーザーは、コンテンツへの支出に積極的で、その

支出金額は主要プラットフォーム内でトップの約8万5862円となっています。これは全体平均の約4万2538円の2倍を超えています。つまり、TikTokユーザーへアプローチすると他のSNSよりも売上に繋がりやすいとも考えられているのです。

56 TikTokの特徴

・若年層に強いプラットフォーム
・10代女性のTikTok利用率は50.3%と高い値になっている。
・20代以上の利用率も増えており、若年層以外のリーチにも有効だといえる。

TikTok ユーザー　　　　　　　　　　　　　平均年齢（34.15歳）

男性 15〜19歳	男性 20代	男性 30代	男性 40代	男性 50代	男性 60代	女性 15〜19歳	女性 20代	女性 30代	女性 40代	女性 50代	女性 60代
11.0%	12.8%	11.0%	9.1%	5.7%	5.8%	13.4%	11.0%	6.3%	5.0%	5.0%	3.6%

TikTok ユーザーに
訴求できると売上
アップにつながります。

https://digiday.jp/platforms/the-real-image-of-tiktok-users-from-the-content-fans-consumption-behavior-survey/

ショート動画プラットフォームを一気に攻略

どうせなら、ショート動画プラットフォームを一気に効率的に攻略しましょう。

1 TikTokで勝てる動画を他のSNSで転用

TikTok用に作った動画を、他のSNSにもアップすると効率的です。なお、SNSごとにざっくりではありますが下記のようにユーザー層が違うため、それぞれ反応の良い動画・あまり良くない動画が変わってきます。

・TikTok……………若者
・Instagram ………TikTokよりも少し年齢層高めで女性が多め
・Facebook ………年齢層高め、(おそらく) 年収高め
・YouTube…………男性多め

理想を言えばそれぞれのプラットフォームに適した動画を作るべきですが、最初から完璧を求めても疲弊してしまい、発信が続かなければ本末転倒です。そのため少なくとも最初は、TikTokで勝てる動画を使い回すだけで良いでしょう。

2 ターゲットによって第一に力を入れるべきSNSは変わる

もちろん、あなたが主に女性向けに発信したいならInstagramのリール、年齢層高めの層に発信したいならFacebookのリールに最適化したショート動画を作るのも良いでしょう。

57 ユーザーが感じるTikTokの価値3要素

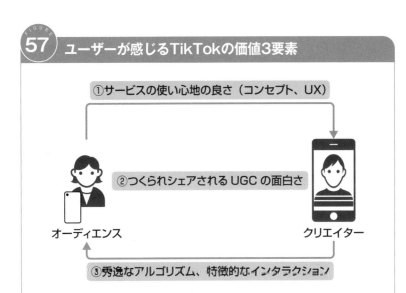

①サービスの使い心地の良さ（コンセプト、UX）

②つくられシェアされる UGC の面白さ

③秀逸なアルゴリズム、特徴的なインタラクション

オーディエンス　　　　　　　クリエイター

出典：https://news.livedoor.com/article/detail/22252742

58 ショート動画マーケティング2022俯瞰図

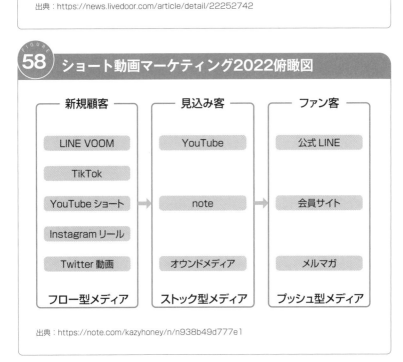

新規顧客	見込み客	ファン客
LINE VOOM	YouTube	公式 LINE
TikTok		
YouTube ショート	note	会員サイト
Instagram リール		
Twitter 動画	オウンドメディア	メルマガ
フロー型メディア	ストック型メディア	プッシュ型メディア

出典：https://note.com/kazyhoney/n/n938b49d777e1

動画を撮って編集する方法

この節では、動画を撮って編集する方法を解説していきます。
必要な予算なども書きましたので、ぜひ参考にしてみてください。

1 動画撮影はスマホで十分

動画の撮影というと、良いカメラ、良いマイクがないとできない
と思う人もいるかもしれません。しかし、ある程度新しい機種であ
ればお持ちのスマホで十分です。

なお、私のアカウント (@matzm.tiktok) の場合、自分が顔出しで
ひたすら話すスタイルなので、スマホ用の三脚を家電量販店にて
3,000円くらいで買いました。ショート動画を始めるために追加で
かかった費用はこのくらいです。

なお、ショート動画はスマホの画面に最適化するように縦で撮る
のがおすすめです。人を縦の画面で撮ると余白が少なくなり、より
親近感が湧きやすくなるという効果もあります。

2 動画の編集もスマホで

動画の編集というと、有料の動画編集ソフトを使い、PCで編集し
なければならないと思う人もいるかもしれません。しかし、ショー
ト動画はスマホでの編集でも十分です。TikTokをはじめ、各SNS
には標準で編集機能が備わっています。

なお、より手の込んだ編集をしたい場合は、TikTokを運営する
Bytedanceのアプリ「CapCut」を使うのが良いでしょう。無料で
使えるにも関わらず、かなり手の込んだ編集をすることができます。

59 広告と購入・利用意向

広告認知

横型画面　平均 **18**%　　縦型画面　平均 **63**%

購入・利用意向

横型画面　平均13%

縦型画面　平均34%

出典：https://tiktok-for-business.co.jp/archives/3415

60 3秒以内の商品紹介と購入・利用意向との関係

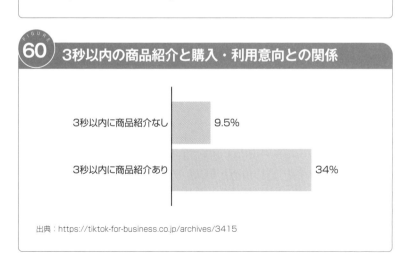

3秒以内に商品紹介なし　9.5%

3秒以内に商品紹介あり　34%

出典：https://tiktok-for-business.co.jp/archives/3415

5 TikTokのリスク

念のため、世間で心配されることのあるTikTokのリスクについ
ても触れておきます。

1 TikTokの利用が禁止されることも

TikTokは中国の企業である**Bytedance**が提供していることか
ら、「国家安全保障上の脅威だ」などと言われ、利用が禁止されるこ
ともあります。例えば、アメリカやカナダ、EUは、政府職員が仕事
で使う端末でのTikTokの使用の禁止を発表しています。

2 SNSの一般的なリスク

TikTokに限りませんが、SNSは便利で楽しい一方、様々なリスク
があることも事実なので、しっかり気をつけて利用しましょう。例
えば、下記などのリスクがあります。

・個人情報の漏洩
・事実誤認
・SNS・スマホ中毒
・誹謗中傷の被害者・加害者になる可能性

特にTikTokは動画プラットフォームであることから、何気ない日
常の動画をアップしてしまった結果、あなたの家や生活圏内が知ら
れてしまうこともあるので、その点には注意して動画を撮影しま
しょう。

61　TilTokの規制を巡る米国各州の主な動き

地域	TikTok規制
サウスダコタ州	州政府職員や機関を対象に、貸与端末などでのダウンロードやサイトの閲覧を禁止
サウスカロライナ州	州政府が管理するすべての機器によるアクセスを禁止
メリーランド州	中国やロシアの影響下にある特定機器について州政府のネットワーク上での使用を禁止
インディアナ州	未成年に不適切な内容がある上に中国への情報流出の恐れがあるとして司法長官が提訴
ユタ州	州政府が所有する機器やネットワーク上での利用を禁止
カンザス州	州政府が所有する機器やネットワーク上での利用を禁止

SNSは便利で楽しい一方で、様々なリスクもあるので注意が必要です。

SNSでどのくらい有名に
なるべきか

　現在は幸か不幸か、SNSをうまく運用することで誰でも有名になるチャンスがあります。YouTuberなどその最たる例でしょう。トップYouTuberの方がテレビに出ている芸能人よりも知名度が高かったりします。

　しかし、「有名税」と言われるように、有名人は有名であることのメリットと同時に、様々な不利益・生きづらさを被る可能性があります。不必要にプライベートを詮索されたり、誹謗中傷されたりすることもあります。街中での視線が気になり、一般的な日常生活を送ることも困難になるかもしれません。

　有名になるといろいろ大変そうなので、私もあまり有名になりたくはありません。私は便宜上ネットで顔を出して発信していますが、これは自分の発信に責任を持つという意思表示です。自分の顔を出している以上、SNSの裏アカのように無責任なことは言えないですからね。

　あなたもSNSを本気で運用する場合は、どのくらいの発信力を持ちたいか、ある程度イメージを持っておくと良いと思います。有名になりたいのであれば、とことんフォロワーや再生回数を増やすためのアカウント運営をすればいいですし、地域に密着して地元の1,000人と濃い交流をしたいのであれば、頑張って遠方のフォロワーを増やす必要はありません。

　そこまで有名になりたくないけどある程度の発信力も欲しい場合は、「界隈ではある程度有名」くらいを目指すと良いのではないかと思います。フォロワー数万くらいでしょうか。このくらいであれば、世間で目立ちすぎることもないし、ビジネスでも趣味でも恩恵を受けることができるでしょう。

Z世代に響くショート
動画攻略法（実践編）

　引き続き、誰でもできるショート動画攻略法をお伝えします。ここでご紹介する方法を一通り実践いただければ、ライバルと大きく差別化できるでしょう！

TikTokのアルゴリズムハック

TikTok攻略とはすなわち、TikTokのアルゴリズムハック（攻略）とも言えます。ここでは、基本的なアルゴリズムハックについて解説します。

1 参考にさせていただいた方々

まず初めに、私がTikTokを攻略するために主に参考にさせていただいた方々を下記にご紹介します。

・ガリレオ（@galileotiktok）さん
・マツダ家の日常（@matsudake）さん
・とっけん（@tokken_tiktoke）さん

なお、ガリレオさんの著書『TikTokビジネス最強の攻略術　フォロワー"0人"から成果を出すSNSマーケティングの新法則』（技術評論社）、マツダ家の日常さんの著書『TikTokハック　あなたの動画がバズり続ける50の法則』（KADOKAWA）も拝読しました。

2 TikTokのアルゴリズムハックで重要な点

TikTokのアルゴリズムハックで重要な点には以下などがあります。それぞれ後ほど簡単に解説します。

・発信分野
・タイトル
・構成（台本）

・心理効果の活用

・ハッシュタグ

・編集

・視聴者からの反応の促進

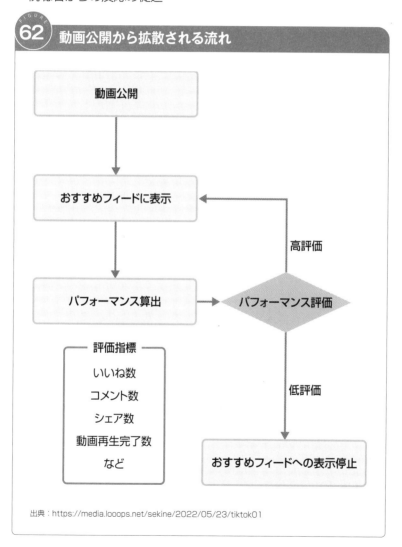

FIGURE 62 動画公開から拡散される流れ

動画公開

↓

おすすめフィードに表示

↓

パフォーマンス算出　→　パフォーマンス評価

高評価

低評価

おすすめフィードへの表示停止

評価指標

いいね数

コメント数

シェア数

動画再生完了数

など

出典：https://media.looops.net/sekine/2022/05/23/tiktok01

発信する分野の重要性

TikTok攻略のはじめの一歩として重要な、発信する分野の重要性をご紹介します。

1 発信分野は超重要

TikTokでも他のSNSでも同じですが、発信する分野によって、バズりやすい・バズりにくいかが決まります。どうせなら楽にバズらせたいですよね？　その場合、まず大前提となるのが、「自分の発信したい内容ではなく、ユーザーに求められていることを発信する」ということです。つまり、独りよがりな発信ではなく、ユーザー（相手）目線で発信するということです。ただ、必ずしも簡単なことではないので、まずはユーザー目線を意識することから始めましょう。

2 世界観を作ることも重要

発信分野を決めたら、その発信分野でブレずに発信を続けることも重要です。そのアカウントの世界観を作る、とも言えます。いろいろな内容の発信をした場合でも動画がバズる可能性はありますが、バズったからといってあなたのアカウントのファンが増えるとは限りません。例えば、人気アニメのネタバレ動画を投稿すればかなりの再生数を稼げるかもしれませんが、その結果あなたのファンが増えるとは限りません。ファンを増やし継続的にあなたのコンテンツに興味を持ってもらうには、彼らが必要な情報をあなたなりにお届けし続けることが重要です。そのためには、発信内容だけでなく、特徴的な見た目で動画に出たり、編集の仕方で世界観を演出しても良いでしょう。

63 発信力を高めている中小企業の事例

誰に何を知ってほしいのか、何のために発信するのかを整理して発信する

企業名	発信内容
ブエノチキン	自身を広告塔にしてSNSなどで発信
北陸製菓	すすめの戸締り・THE FIRST SLAM DUNKともコラボ
マツブン	掘り起こした企業ニーズに合わせてサイト改修
笏本縫製	ネクタイに関する豆知識や、職人の技術がわかる動画などを発信
東商技研工業	Webサイトのこまめな更新で検索上位に

出典：https://smbiz.asahi.com/article/14900543

64 SNSの役割

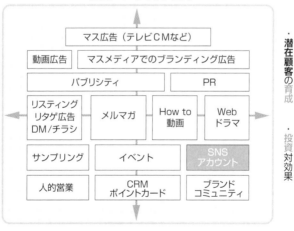

出典：https://www.tribalmedia.co.jp/note/socialmedia-marketing-210408

発信する分野の決め方

TikTok攻略のはじめの一歩として重要な、発信する分野の決め方をご紹介します。

1 いかに発信したいことを発信するか

TikTokを頑張る理由があなたの事業のPRであれば、もちろんその目的を達成する必要があります。そこで、「自分の発信したいこと」と「TikTokでバズっている要素」を掛け合わせられると良いでしょう。無限の組み合わせ方がありますので、まずはバズっているアカウントを参考に、バズりそうなコンセプトで自分の発信したいことを発信する動画を撮ってみましょう。

2 発信分野を決める際の定量的な基準

なお、発信分野を決める際の定量的な基準には下記があります。

・ハッシュタグの再生回数が100M（1億）回以上か
・フォロワー10万人以上のアカウントがあるか

TikTokで**ハッシュタグ**を検索するとそのハッシュタグのついた動画が何回再生されているかがわかります。1つの目安として、ハッシュタグの再生回数が100M（1億）回以上であれば、そのハッシュタグ（ジャンル）は需要があると判断できるのです。また、フォロワー10万人以上のアカウントがあるジャンルであれば、そのジャンルは需要があると判断できます。ただし、そのアカウントが属人的な理由で人気な場合は、ジャンルというよりもそのTikTokerの人気に依存している場合があるので注意が必要です。

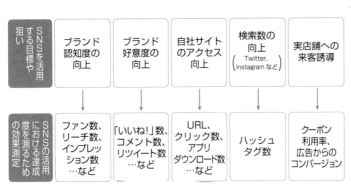

FIGURE 65　効果測定のポイントは目標別に整理すること

SNSを活用する目標や狙い	ブランド認知度の向上	ブランド好意度の向上	自社サイトのアクセス向上	検索数の向上 Twitter, Instagram など	実店舗への来客誘導
SNSの活用における達成度を測るための効果測定	ファン数、リーチ数、インプレッション数 …など	「いいね!」数、コメント数、リツイート数 …など	URL、クリック数、アプリダウンロード数 …など	ハッシュタグ数	クーポン利用率、広告からのコンバージョン

出典：https://www.comnico.jp/we-love-social/sns-marketing-college002

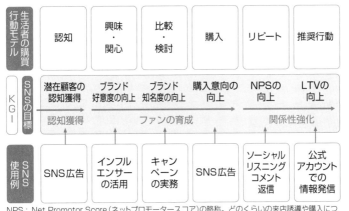

FIGURE 66　KGIはSNSの目標

生活者の購買行動モデル	認知	興味・関心	比較・検討	購入	リピート	推奨行動
KGI SNSの目標	潜在顧客の認知獲得	ブランド好意度の向上	ブランド知名度の向上	購入意向の向上	NPSの向上	LTVの向上
	認知獲得	ファンの育成			関係性強化	
使用例 SNS	SNS広告	インフルエンサーの活用	キャンペーンの実務	SNS広告	ソーシャルリスニングコメント返信	公式アカウントでの情報発信

NPS：Net Promotor Score（ネットプロモータースコア）の略称。どのくらいの来店誘導や購入につながったかを分析すること。

LTV：Life Time Value の略称。顧客と企業の取引関係から終了までの期間に、その顧客が企業やブランドにもたらす損益を算出する。

出典：https://www.comnico.jp/we-love-social/sns-marketing-college002

CHAPTER 6　Z世代に響くショート動画攻略法（実践編）

動画のタイトルの決め方

より多くの人にあなたの動画を見てもらうための、タイトルの決め方をご紹介します。

1 いかに興味を持ってもらえるかが超重要

より多くの人にあなたの動画を見てもらうためには、タイトルでいかに興味を引けるかが超重要です。タイトルの決め方はこれに尽きると言っても過言ではありません。

2 いかに煽れるかが勝負

あなたもついついネットニュースの記事を見てしまうことがあるでしょう。ついつい見てしまうのは、タイトルやサムネイル画像に興味を引かれたことが大きな理由だと思います。タイトルの付け方が上手い記事は、下記などの要素を入れていることが多いです。

・煽り（大袈裟な内容）
・意外性
・数字
・○○な○個の理由

TikTokも同じで、「○○がヤバすぎる理由」「○○の超意外な末路」など、適度に大袈裟に言う方が興味を持ってもらいやすいです。（ただしこれは諸刃の剣で、煽った割に内容が大したことないとアンチコメントが増える可能性があります。）

これに加え、「〇〇の本当に賢い使い方」など、常識を覆すような意外性を訴求できるのであれば、さらに効果は高いでしょう。

ついつい興味を引かれてしまう記事や動画のタイトルを参考に、いろいろと試してみてください。

FIGURE
67 人目を引くタイトルの特徴7選

①内容をまとめる

②具体例を出す

③ギャップ萌え

④常識の逆をつく

⑤読者に問いかける

⑥長いもの

⑦ポジティブなもの

出典：https://www.bbc.com/japanese/66161303

構成（台本）の作り方（基礎編）

より多くの人にあなたの動画を見てもらうために効果的な、構成（台本）の作り方（基礎編）をご紹介します。

1 はじめの1.5秒が超重要

TikTokにおいて、はじめの1.5〜2秒は超重要です。TikTokを見ていると次から次へと動画が流れてくるのですが、ユーザーの興味を引けない動画は開始数秒でスワイプされてしまいます。すぐにスワイプされる確率が高いと、あなたの動画はじきに誰にも見られなくなります。

つまり、いかに動画全体で素晴らしい内容を伝えようとしていたとしても、はじめの1.5〜2秒ほどでその魅力の一端がユーザーに伝わらなければ意味がないのです。

なお、「この2秒をなぜ入れたのか」を動画全体ですべて説明できるようにするとより良いです。また、入れるか迷うようなシーンは入れないと良いでしょう。あなたが迷うくらいであれば、視聴者にとってはなおさら不要な可能性が高いです。

2 基本の流れは「抽象」➡「具体」

教育系の動画で意識したい基本的な構成は、「抽象」➡「具体」です。なお、このような構成で伝えたいことを効果的に伝えられるようになれば、TikTokだけでなく、日常生活や日々の仕事でも喜ばれると思います。

このような構成で話そうとする場合、「○○が重要な５つの理由」などのタイトルの動画だとわかりやすいです。ぜひ抽象的な話題を投げかけてユーザーに興味を持ってもらい、魅力的な具体例でユーザーの好奇心を満たしてあげたり、悩みを解決してあげたりしましょう。

ホールパート法

最初に全体像（Whole）を説明し、それから全体像の中身（Part）を
1つずつ話していきます。そして、最後に要約して結論（Whole）を
伝えます。相手が内容を咀嚼して整理していくうえで、効果的な説明
手法です。

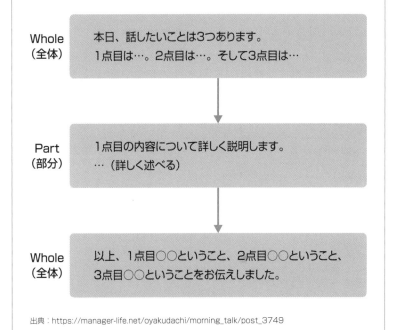

Whole（全体） 本日、話したいことは3つあります。
1点目は…。2点目は…。そして3点目は…

Part（部分） 1点目の内容について詳しく説明します。
…（詳しく述べる）

Whole（全体） 以上、1点目○○ということ、2点目○○ということ、
3点目○○ということをお伝えしました。

出典：https://manager-life.net/oyakudachi/morning_talk/post_3749

構成（台本）の作り方（応用編）

> より多くの人にあなたの動画を見てもらうために効果的な、構成（台本）の作り方（応用編）をご紹介します。

1 PREP法の活用

前述の通り、「抽象」➡「具体」という基本的な構成を意識しましょう。さらに、**PREP法**を活用しましょう。PREP（プレップ）法とは、「結論」「理由」「具体例」「結論」の流れで情報を伝える方法です。「話す」ときも「書く」ときも、分かりやすく簡潔に伝えることができます。

2 接続詞を有効活用

PREP法を活用しつつ接続詞を有効に活用できると、さらに視聴者の心を掴みやすくなります。接続詞には、下記などの種類・役割があります。効果的に活用して、話す内容をわかりやすく、かつ没入感高くしましょう。

・順接	・結論
・逆説	・例示
・並列	・補足
・添加	

FIGURE 69 PREP法とは

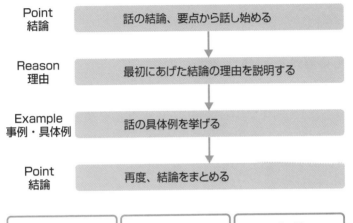

わかりやすく説得力のある文章を作成することに
向いている文章構成のこと

| Point 結論 | 話の結論、要点から話し始める |

| Reason 理由 | 最初にあげた結論の理由を説明する |

| Example 事例・具体例 | 話の具体例を挙げる |

| Point 結論 | 再度、結論をまとめる |

| スピーチ、就活のESに使える！ | 接客業に使える！ | ブログ、プレゼン資料、メールに使える！ |

出典：https://socratesbiz.net/wp/prep

FIGURE 70 接続詞の種類

順接	逆接	並列	添加
だから	しかし	また	そして
そこで	でも	および	それから
すると	ところが	かつ	さらに

出典：https://xn--3kq3hlnz13dlw7bzic.jp/conjunction

CHAPTER
6
7

心理効果の活用

より多くの人にあなたの動画を見てもらうために効果的な、心理効果をご紹介します。

1 心理効果を使いこなす

コピーライティングの世界と同じように、動画の世界でも**心理効果**の活用は重要です。心理効果について理解を深めておくと、ついつい先を読んでしまう記事や人気のサービスの紹介文を見て、「あ、この心理効果を上手く使っているのか！」といった発見・学びもあるでしょう。

上手く使いこなせれば、ビジネスだけでなく良好な人間関係の構築にも役立ちますので、ぜひ取り入れてみてください。コミュニケーション能力が高い人は、意識的・無意識的に、こういった心理効果を使っている場合があります。

2 よく使われる心理効果

下記のような効果・法則をうまく活用すると、より視聴者の興味を引く内容となるでしょう。

・カクテルパーティー効果

多くの音の中から、自分が必要としている情報や重要な情報を無意識に選択することができる脳の働き。自分のことを言われているように思わせ、興味関心を引く。

・コールドリーディング

相手の情報を事前に知らなくても、外観や話し方、何気ない会話などから相手のこと・気持ちを言い当てる（ように見せる）こと。聞き手の共感を得ることに繋がる。

・ゴール効果

目標（ゴール）に近づくにつれ、行動が加速する・集中力が高まる現象。「実は超お得な〇〇5選」などのように、終わり（ゴール）を明確にして最後まで付き合ってもらう。

・ゲインロス効果

ギャップがあればあるほど、心に残る現象。**ツンデレ**や**ギャップ萌え**などが例として挙げられる。

・ツァイガルニック効果

完了したことよりも、中途半端に終わらせてしまったことのほうがよく記憶に残る現象。あえて最後まで言わないことで、より強い興味を引く。

・バンドワゴン効果

多数の人が支持している物事を、より多くの人が支持する現象。流行っている、レビューが高い、フォロワーが多い、いいねが多い、などが好循環を生む。

・ハロー効果

　認知バイアスの一種で、ある対象を評価するときその一部の特徴的な印象に引きずられて、全体の評価をしてしまう効果。「芸能人が愛用している」と聞くと無条件に良いものと思ってしまうことなどが当てはまる。

・プロスペクト効果

　得をすることよりも、損を避けることを選ぶ人間の性質のこと。「これを聞かないと損する」などとネガティブ訴求をする。

・返報性の法則

　相手から何かを受け取ったときに「こちらも同じようにお返ししないと申し訳ない」という気持ちになること。ひたすら価値提供をすると、顧客の獲得に繋がる。

ハッシュタグの効果的な使い方

より多くの人にあなたの動画を見てもらうために効果的な、
ハッシュタグの効果的な使い方をご紹介します。

2～3のハッシュタグを厳選

大前提として、TikTokではやたらめったらと**ハッシュタグ**を使わ
ない方が良いと言われています。関連性の低いハッシュタグを多用
した結果、動画の視聴率が下がる（すぐにスワイプされてしまう）
と、結果的に有用でない動画と認識されやすいからです。

そのため、自分のアカウントや動画と関連性の高い2つか3つの
ハッシュタグを厳選して使うくらいが最初は良いでしょう。

2 ファン化させたいならオリジナルのハッシュタグも

ユーザーを**ファン化**させたいなら、オリジナルのハッシュタグを
使うのも良いでしょう。そのオリジナルのハッシュタグが付いた動
画をよく見てくれる人には、同じハッシュタグが付いた他の動画も
表示されやすくなると考えられるからです。

私のアカウント（@matzm.tiktok）の場合は「#まっつむの考え
方」というハッシュタグをほぼ全ての動画に付けています。なおそ
の他には、教育系の動画によく付いているハッシュタグ「#tiktok教
室」と、それぞれの動画に強く関連しているハッシュタグを厳選し
て付けています。

71 SNS別ハッシュタグの推奨される数と上限数

	推奨される数	上限数
Twitter	2個	上限なし ※1投稿につき140文字の制限あり
Instagram	何個つけてもよい	30個
TikTok	3～6個	上限なし

出典：https://gaiax-socialmedialab.jp/hashtag/403

72 ブランドハッシュタグチャレンジ

▼ブランドハッシュタグチャレンジは信じられないほどのリーチ力を備えています。

■ テレビ　■ TikTok　■ YouTube

視聴者数

- 1億
- 8,000万
- 6,000万
- 4,000万
- 2,000万
- 0

Before Alexa
YouTube

ラグビーワールドカップ2019
日本対スコットランド戦
NTV

2020年
アカデミー賞
米国視聴者数
ABC放送

2013年
ウィンブルドン
Andy Murray
BBC放送

#DealDropDance
米国 Walmart
TikTok

#BrandedChallenge
日本の清涼飲料
TikTok

#GlowingOut
イギリス River Island
TikTok

出典：https://digiday.jp/wp-content/uploads/2020/12/7605f752e28856a4d27107ad
732621fa.png

視聴者からの反応を促す方法

より多くの人にあなたの動画を見てもらうために効果的な、視聴者からの反応を促す方法をご紹介します。

1 「いいね」「保存」「シェア」「フォロー」してもらう方法

TikTokの動画を拡散させるには、他のSNS同様、ユーザーからの反応が重要になります。簡単に言うと、**いいね**、**保存**、**シェア**、**フォロー**してもらうことが大事です。

そのためには、単純に動画のクオリティーを上げる必要があります。そして、素直に「役に立ったと思ったら"いいね"してね」「大事な情報を見落とさないように"フォロー"してね」とお願いしましょう。このように働きかけることで、ユーザーが行動しやすくなります。

2 コメント欄への誘導

「いいね」「保存」「シェア」「フォロー」に加えて、TikTokではコメントしてもらうことも以下の理由などから重要です。

・ユーザーとコミュニケーションが取れてファン化しやすい。
・コメントする＆他のユーザーのコメントを見ることで、ユーザーの滞在時間が増える（動画の視聴時間・率が上がる）。

73 TikTokエコシステム

①いいかも！と思い購入
企業じゃなく、クリエイターの
リアルな言葉なので、信じられる

| TikTok で閲覧 | → | TikTok へ投稿 |

ひとの「すき」に出会う　　　　②自分の「すき」をひろげる

また次の人へ　　　　　　「すき」に人が集まる

TikTok のコメント欄で交流

③みんなと「すき」で繋がる
すきなものが同じ同士なので、
ポジティブな場所で、みんなで語り合える。

出典：https://digiday.jp/platforms/why-do-people-make-impulse-buys-on-tiktok-hakuhodos-research-reveals-three-characteristics-of-tiktok-users

74 TikTokから続々と流行が生まれる理由

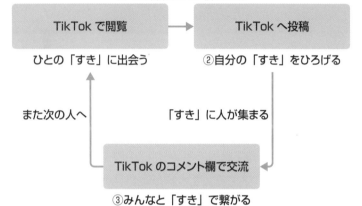

見た内容を別の SNS で紹介したことがある	100	207
その投稿に「いいね」をしたことがある	100	135
見たアカウントをフォローした	100	124

※主要プラットフォーム3社の平均値を100とした場合の指数

出典：https://tiktok-for-business.co.jp/archives/7152

COLUMN
TikTokで収益化する単純な方法

　TikTokではただ単純に動画を投稿するだけでなく、TikTok上で
お金を稼ぐ人もいます。例えば、**アフィリエイト**をしてTikTokアカ
ウントを収益化している人がいます。仕組みは単純で、あなたの動画
に興味を持ってくれた人をプロフィールに誘導し、プロフィールに貼
り付けたリンク（アフィリエイトリンク）から商品を購入してもらう
だけです。

　例えば、あなたが美容の豆知識を発信するTikTokアカウントを運
用するとします。あなたが動画内で「この化粧水を使ったら1週間で
ニキビができづらくなりました！」と化粧水を紹介し、「その化粧水の
詳細はプロフリンクから！」とあなたのプロフィールに貼り付けたリ
ンクに視聴者を誘導することで、一定数の人がその化粧水を購入して
くれるかもしれません。めでたく購入されたら、あなたにアフィリエ
イト（紹介）報酬が広告主より支払われます。

　もちろん、アフィリエイトではなく、あなた独自の商品を販売して
も良いです。独自の商品の方が自由度が高いので、より大きな収益を
見込めるでしょう。

　今回はTikTokを例に挙げて紹介しましたが、同じような手法は
InstagramやTwitterなど他のSNSでも有効です。ただしTikTok
は、ある程度アカウントを育てないとプロフィールにリンクを貼り付
けられないため、参入障壁が高めです。そのため、ライバルが比較的
少ないと言えます。

　このようにSNSとアフィリエイトあるいは独自商品の販売は相性
が良いので、興味があれば取り組んでみると良いでしょう。幅広い業
界・業種で有効な手法です。

MEMO

Z世代とAI

　昨今話題のAIがZ世代に与える影響や、AIを活用したマーケティングについて解説します。トレンドとなる新しい技術やサービスをいち早く理解して使いこなし、より良いマーケティングを実施していきましょう。

生成AIとは？

今、世界中で話題となり、世界を大きく変えつつある生成AIについて解説します。

1 生成AIとは？

生成AIとは、コンテンツを生成するAI（AIサービス）のことです。代表的なものに、**ChatGPT**や**Bard**をはじめとする**文章生成AI**、**Midjourney**や**Stable Diffusion**をはじめとする画像生成AIがあります。

2 雇用にも大きな影響を及ぼす生成AI

世界トップクラスの投資銀行**ゴールドマン・サックス**が「生成AIは3億人の雇用に影響を与える可能性がある」と予測しているように、生成AIは私たちに非常に大きな影響を与えると考えられています。というより、既に大きな影響を与えています。

「AI」というと以前は限定された使い方（例えば囲碁）であれば効果的ではあるものの、日常使いできるという認識はあまりありませんでした。しかし、「Before 生成AI」と「After 生成AI」では状況がまったく異なります。

長文の作成から翻訳、アイデア出しまで、ChatGPTという文章生成AIがあれば即座にこなせます。また、様々なテイストのイラストや写真と見間違うような画像まで、MidjourneyやStable Diffusionという画像生成AIがあれば即座に作り出すことができます。もはや、ChatGPTができるようなことしかできない人は、自らの市場価値を維持するのが難しくなりました。

75 AIブームの歴史

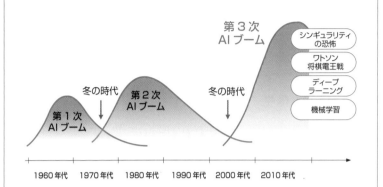

出典：https://aismiley.co.jp/ai_news/detailed-explanation-of-the-history-of-ai-and-artificial-intelligence/

76 ChatGPTの性年代別認知・利用率

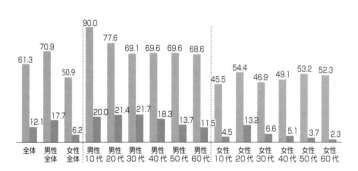

※関東地方の15～69歳を対象に、2023年4月15～16日に調査

出典：https://www.nri.com/jp/knowledge/report/lst/2023/cc/0526_1

CHAPTER 7 Z世代とAI

121

学業
（生成AIがZ世代に与える影響①）

世界に大きな衝撃を与えている生成AIが、学業においてZ世代に与える影響を解説します。

1 生成AIと学生

　ChatGPTをはじめとする生成AIが若い世代にも大きな影響を与えています。かなり自然な文章を生成しているChatGPTを使ってレポートなどの課題をこなそうとする学生も出てきており、教育現場はどのように生成AIと付き合っていくか検討しています。

　2023年5月には、文部科学大臣の諮問機関である中央教育審議会の初等中等教育分科会に設けた**デジタル学習基盤特別委員会**が、ガイドラインの内容の検討を始めました。

2 日本では「禁止」ではなく「活用」する方針

　生成AIについて、文部科学省が「批判的思考力や創造性への影響、個人情報や著作権保護の観点などについて、リスクの整理が必要」と説明する一方、学習指導要領では「学習の基盤となる資質・能力として情報活用能力を位置づけています。新たな技術である生成AIをどのように使いこなすのかという視点や自分の考えを形成するのに生かすといった視点も重要」との観点も示されています。

　活用する方向性であるということは、活用できるかどうかで差が生じるということでもあります。**デジタルデバイド**が生じるともいえます。情報の取捨選択に優れたZ世代の中でも、この生成AIをうまく活用できる人・あまり活用できない人が出てくるでしょう。

77 生成AIの学校現場での利用に関する対応

・学校現場での生成 AI の利用については、様々な議論や懸念がある
➡批判的思考力や創造性への影響、個人情報や著作権保護の観点
　等について、リスクの整理が必要

・一方、学習指導要領では、学習の基盤となる資質・能力として
「情報圧活用能力」を位置付けている。新たな技術である生成 AI
をどのように使いこなすのかという視点や、自分の考えを形成する
のに活かすといった視点も重要

※他方、ChatGPT を提供する OPEN AI 社の利用規約によれば、
ChatGPT の利用は、13歳以上、18歳未満の場合は保護者の
許可が必要とされている。

☑学識経験者及び現場教員に対する書面ヒアリングを開始
　（4月下旬〜）
☑政府の AI 戦略チーム（5/8）、AI 戦略会議（5/11）
☑本特別委員会においても、ガイドライン案をさらに議論

ガイドライン ver1.0（項目イメージ）
[政府全体の議論も踏まえ、夏前を目途に公表]

・生成 AI についての説明
・年齢制限や著作権、個人情報の扱い
・授業デザインのアイデア（生成 AI 自体を学ぶ授業＋具体的活用法）
・情報活用能力との関係
・活用が考えられる場面、禁止すべきと考えられる場面

出典：「令和5年5月16日第1回デジタル学習基盤特別委員会資料6」（文部科学省）https://xtech.
　　　nikkei.com/atcl/nxt/news/18/15211/?SS=imgview&FD=1153259116

就職活動
（生成AIがZ世代に与える影響②）

世界に大きな衝撃を与えている生成AIが、就職活動において、Z世代に与える影響を解説します。

1 エントリーシートもAIで

就職活動は学生にとって大きなイベントです。自己分析や**エントリーシート**の作成、**インターン**への参加、**グループディスカッション**や面接の対策と、やるべきことはたくさんあります。そんな中、**ProPen**や**ES Maker**といった、エントリーシートを自動作成できるAIサービスが日本でもリリースされています。

もちろん、生成したエントリーシートをそっくりそのまま提出するというよりは、手直しが必要なことが多いと思います。それでもやはり、就職活動はAIによって効率化されると言って良いでしょう。う。

2 AIを使うのは不誠実なのか？

このようなことを書くと、「エントリーシートは1から書くべきだ」と思う方もいらっしゃるでしょう。その主張ももっともだと思いますが、やはり今後は生成AIを使いこなせる人材の価値が上がっていくと考えられます。

これは、「エントリーシートはPCでなく手書きで書くべきだ」という主張と似ているところがあります。手書きの方が良い面もあるでしょうが、効率性や読みやすさの点から、現代ではPCで書く人が多くなってきています。

このように、今後はエントリーシートをはじめ、あらゆる文章が、生成AIを活用して書かれるようになるかもしれません。Z世代はその時代の流れに乗っていくことになるでしょう。

FIGURE 78　学生が就職活動でChatGPTを使うときのポイント

力を
入れたこと
部活

具体的な活動
コーチを務め、
チームを
県大会1位に

アピール
ポイント
柔軟性

以下のような
エントリーシートを
作成しました。

氏名などの個人情報の
入力は慎重に

参考程度に
受け止め、
丸写しは避ける

生成された文章が
誤っていることも
あるため、
うのみにしない

自分で考えた言葉を
用いることで、志望度が
より伝わることも

生成AIでマーケターの仕事を効率化

この節では、生成AIを使ってマーケターの仕事を効率化する流れを解説します。

1 ChatGPTでマーケターの仕事を効率化

雨後の筍のように新しい商品が誕生している現代では、効率的に商品の売上を伸ばせるマーケターの需要が高まっています。そんなマーケターの仕事も、ChatGPTに助けてもらって効率化してみましょう。

以下のような項目に従い、ChatGPTにマーケターの仕事を効率化するためのヒントを教えてもらうことができます。必要に応じて、質問項目を増やしてより良いマーケティングを実現してください。

2 メディアを伸ばすための施策を教えてもらう

ここでは例として、Z世代向けWebメディアを伸ばすための施策を考えてみました。下記などをChatGPTに考えてもらうことでマーケターの仕事を効率化できます。

・ChatGPTに質問すると良い内容を教えてもらう。
・開封率が上がるメルマガの件名を考えてもらう。
・SNSで投稿すべきことの一覧を考えてもらう。
・LP（ランディングページ）の効果的なヘッドラインを考えてもらう。
・採用面接で聞いておきたい質問事項の一覧を考えてもらう。

79 ChatGPTに質問すると良い内容を教えてもらう

Q
私はZ世代向けWebメディアの担当者です。
私はChatGPT初心者なのですが、ChatGPTを活用してより効率的にメディアを伸ばすために、ChatGPTに質問すると良い内容を教えてください。

A
ChatGPTを活用してWebメディアを伸ばすためには、以下のような質問や話題が役立つかもしれません。

1. コンテンツのアイデア生成：「Z世代に関心のあるトピックは何ですか?」「今週のホットトピックは何ですか?」といった質問をすることで、新しいコンテンツのアイデアを得ることができます。
2. 文章の作成・校正：ChatGPTは文章を生成する能力があります。したがって、「この記事の冒頭についての提案は何ですか?」や「このパラグラフをより分かりやすく表現するための改善点は何ですか?」といった質問をすると、文章作成や校正の助けとなります。
3. ターゲット世代の理解：Z世代の特性や行動傾向、価値観について質問することで、よりターゲットに合ったコンテンツを作成することが可能になります。「Z世代の一般的な価値観は何ですか?」や「Z世代はどのようなメディアを主に使用していますか?」といった質問が参考になります。
4. SEO対策：ChatGPTには、SEO(検索エンジン最適化)のベストプラクティスについて尋ねることも可能です。「SEOに効果的な記事の書き方は何ですか?」や「この記事をSEO対策に適した形にするための提案は何ですか?」といった質問をすると、サイトの検索エンジンランキングを向上させる手助けになります。
5. SNSマーケティング：「Z世代に人気のSNSプラットフォームは何ですか?」や「SNSで効果的に拡散するための方法は何ですか?」といった質問をすると、SNSでの露出を増やす戦略を立てるのに役立ちます。

以上のような質問をChatGPTに投げかけることで、あなたのWebメディアをさらに効果的に伸ばすためのアイデアや情報を得ることができるでしょう。

CHAPTER 7
5

生成AIでUXを改善

この節では、生成AIを使って、UXを改善するための流れを解説します。具体的に例をあげて説明していきましょう。

1 UXの改善は超重要

　様々なサービスが溢れている現代では、ユーザーが商品やサービスを通じて得られる体験（ユーザーエクスペリエンス、**UX**）価値が低いと、すぐにユーザーが離れていってしまいます。

　とはいえ、「どのようにUXを改善したらいいかわからない」という場合もあるでしょう。そんな時はChatGPTに聞いてみましょう。

2 ChatGPTにUXを改善するための施策を教えてもらう

　以下のような項目に従い、ChatGPTにUXを改善するためのヒントを教えてもらうことができます。必要に応じて、質問項目を増やしてより良いUXを実現してください。

　ここでは例として、Z世代向け英語学習アプリのUXを改善するための施策をChatGPTと考えています。

・英語学習アプリのユーザーインタビューで、効果的な質問を考えてもらう。

・ペルソナを考えてもらう。

・ユーザーフローを考えてもらう。

・アプリで使うと良い第一、第二、第三の色を考えてもらう。

・購入画面に必要なUI（ユーザーインターフェース）の要素の一覧を考えてもらう。

・購入が完了したお客様向けのメッセージを考えてもらう。

80 英語学習アプリのユーザーインタビューで、効果的な質問を考えてもらう

Q あなたは優秀なUX改善コンサルタントです。
Z世代向け英語学習アプリのユーザーインタビューで、効果的な
質問を5つ以上考えてください。

A Z世代向けの英語学習アプリに関するユーザーインタビューのた
めの質問を考えます。以下にいくつかの提案を行います：

1. "アプリを使用する際、何があなたを最も引き付けますか？
   ゲーム要素、学習コンテンツ、インタラクティブな要素など
   はありますか？"

2. "あなたがアプリを使用する主な目的は何ですか？ 例えば、
   TOEFLやIELTSなどのテスト対策、学校の授業の補助、海
   外旅行の準備、楽しみながら英語を学ぶなどですか？"

3. "このアプリのどの機能があなたの英語学習に最も役立ちま
   すか？ また、どの機能があればもっと役立つと思います
   か？"

4. "アプリ内の進行状況の追跡とフィードバックシステムはあな
   たの学習経験にどのように影響を与えていますか？ それは
   あなたのモチベーションや学習効率を高めるのに十分です
   か？"

5. "アプリを使用する際に何か困難を経験しましたか？ それは
   具体的にどのようなもので、どのように改善できると思いま
   すか？"

6. "他の英語学習アプリと比較して、当社のアプリの利点と欠
   点は何だと思いますか？"

7. "友人にこのアプリを推奨する際に、一番アピールするポイ
   ントは何ですか？"

これらの質問は、アプリのユーザーエクスペリエンスと学習成果
の両方について深く理解するのに役立ちます。

Xなどの投稿文をハッシュタグ付きで作る（生成AIのマーケティング活用①）

生成AIを活用してSNSの投稿文を作る流れを解説します。X（旧Twitter）やThreadsの投稿文をハッシュタグ付きで作っていきます。

1 ChatGPTであっという間に文章案を生成

プライベートでの利用だけでなく、ビジネスでも大きな価値を持つX（旧Twitter）。企業アカウントなどの運用に従事している人もいるでしょう。しかしツイート数が多いと、毎回のツイートを考えるのも大変です。そんな時にもChatGPTが役に立ちます。

テーマとともに「ツイートを考えてください」と指示を出すと、すぐに文章ができあがり、自動的にハッシュタグをつけてくれます。

同じテーマのツイート案を複数つくってもらうことやハッシュタグの個数を指定することもできます。ハッシュタグが必要ない場合には書かないよう指示を出すこともできます。

2 Threadsなど他のSNSでも有効

また、2023年にMetaが提供を開始した話題のSNS、**Threads**に同じ文章を転用することももちろんできます。ただ、執筆時点においてThreadsではハッシュタグを使いません。

今回は、「あなたはZ世代向けカフェを企画する企業のマーケティング担当者です」とChatGPTの立場を指定し、「Z世代がカフェに行きたくなるような豆知識を発信するX（旧Twitter）のツイートを書いてください」と依頼しました。

ChatGPTで文章案を作成

Q あなたはZ世代向けカフェを企画する企業のマーケティング担当者です。
Z世代がカフェに行きたくなるような豆知識を発信するTwitterのツイートを書いてください。

A

1. "今日は驚きのコーヒーファクトをシェア!🍒コーヒーチェリーの中には実は2つのコーヒー豆があるんだ。それが2つで一つのカップになる。この素晴らしい事実を知って、一杯のコーヒーをさらに楽しもう!☕ #コーヒーファクト #Z世代のカフェ"

2. "科学的に証明された! カフェインは記憶力を高め、集中力を向上させる効果があるんだ☕💡コーヒーが勉強や仕事の良いパートナーになる理由だよ! #カフェイン効果 #Z世代のカフェ"

3. "ミルクとコーヒー、この最高のコンビは体にも良い影響を与えるんだ。ミルクはコーヒーの酸味を中和し、胃に優しく作用するよ🥛☕ 今度のカフェタイムはカプチーノでどう? #ヘルシーカフェ #Z世代のカフェ"

4. "コーヒー好きなら必見! 実は、コーヒーは日中に飲むよりも午後に飲むとその味をより深く感じることができるんだ🕐☕ 仕事や学校が終わった後のリラックスタイムにコーヒーはいかが? #コーヒーライフ #Z世代のカフェ"

5. "コーヒー豆の鮮度がコーヒーの味を左右することを知っていた?☕新鮮な豆を使用して、毎日のカフェタイムを特別なものにしよう!🌿 #フレッシュコーヒー #Z世代のカフェ"

テキスト1行でLPを作る
（生成AIのマーケティング活用②）

生成AIを活用してLPを簡単に作る流れを解説します。

1 Mixoであっという間にLPを生成

「ビジネスアイデアはあるんだけど、なかなか形にできない…」という場合は、AIにあなたのプロダクトのLP（**ランディングページ**）を作成してもらいましょう。

Mixoという、ビジネスアイデアをテキスト1行で入力するだけで、LPを作成してくれるAIツールがあります。

Mixoは主に、スタートアップなどのスモールビジネス向けに展開されているサービスです。エンドユーザーにメールアドレスを登録してもらうためのLPの作成から仮説検証、プロダクトの成長までを一貫してサポートしてくれます。

2 MixoでLPを生成する流れ

Mixoはプログラミングがわからなくても簡単に利用できます。手順は下記の通りです。LPを気軽に作ってみたい場合は試してみてください。

1. 公式サイト（https://www.mixo.io）から、「Get Started for Free」をクリック。
2. ビジネスアイデアを入力して「Generate Site」をクリック。
3. 「Save and customize」をクリックして公開作業へ。

82 AIツール「Mixo」

Launch a startup in seconds with AI.

Have an idea for a startup, product or service? Our AI-powered builder helps entrepreneurs quickly launch and validate their business ideas.

Get Started for Free

30 day **money-back guarantee** | Cancel anytime

> AIツール「Mixo」の画面です。
> プログラミングなどの
> 専門的な知識は不要です。

出典：https://www.mixo.io/

商品の紹介動画を作る
（生成AIのマーケティング活用③）

生成AIを活用して商品の紹介動画を簡単に作る流れを解説します。

1 Synthesiaであっという間に動画を作成

TikTokやYouTubeが流行っていることからもわかるように、動画コンテンツの需要は大きいです。商品の紹介動画が決め手となって商品を購入する人も多いでしょう。しかし、動画を作る際は手間と費用がかかります。コンテンツやカメラを用意し、必要であればプレゼンターやナレーターを手配し、編集もしっかりと行わなければなりません。ところが、**Synthesia**という動画作成ツールを活用することで、上記の手間や費用を大幅に削減することができます。

Synthesiaなら、テキストファイルをアップロードするだけで、アバターが話す動画コンテンツを生成できます。AmazonやAccenture、BBCなど大手グローバル企業でも活用されています。

2 Synthesiaの特徴

Synthesiaで用意されているアバターの数はなんと85種類（2023年2月時点）もあります。あらかじめ自分の顔を撮影したデータを読み込んでおけば、自身のアバターが喋っている動画を作成することも可能です。また、パワーポイントの資料にアバターを挿入し、テキストを読み込んで喋ってくれる機能もあります。

現在は65言語に対応しており、英語はもちろん日本語にも対応しています。

83 Synthesiaを使う手順

1. 公式サイト(https://www.synthesia.io)から
   アカウントを作成

2. ビデオのテンプレートとアバターを選択

3. 動画のスクリプトを入力し、言語とアクセントを選択

4. スライドをデザイン

5. 編集が終わったら動画を生成

出典：https://www.synthesia.io

84 Synthesiaの画面

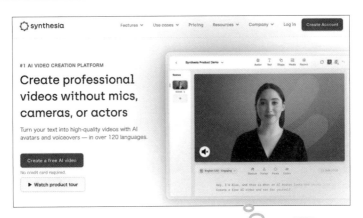

65言語に
対応しています。

出典：https://www.synthesia.io

ChatGPTの凄さ

　私は『図解ポケット 画像生成 AI がよくわかる本』（秀和システム）
や『知識ゼロから 2 時間でわかる＆使える！ ChatGPT 見るだけノー
ト』（宝島社）を監修したりと、生成 AI についても知見があります。
変化が非常に早く、とても興味深い分野です。私はいろいろな生成
AI サービス・ツールを見てきましたが、世界中で大注目の ChatGPT
はやはりその中でも革命的だなと感じます。

　ChatGPT は活用範囲が非常に広く、人間の可能性を大いに広げる
ツールです。例えば、英語でも日本語でもタイ語でも、自然な文章を
瞬時に生成することができるので、ライティングにおける言語の壁は
かなり低くなってきました。さらなる国際交流の促進に貢献するで
しょう。

　しかも、一度使い方を覚えてしまえば、誰でも LINE を使うように
簡単に使いこなせてしまいます。ChatGPT の登場が人類の歴史を変
えたと言っても過言ではありません。

　ただし、ChatGPT も 1 つのツールです。現状では、人間が上手く
使いこなしてあげることで初めて真価を発揮します。この非常に便利
なツールをどのように使いこなすかで、あなた自身の可能性も大きく
変わってくることでしょう。

　ぜひ、ChatGPT をはじめとする生成 AI サービス・ツールに触れ、
必要に応じて使いこなしてみてください。

8

Z世代とWeb3・
メタバース

2021年から大きな注目を集めているWeb3とメタバース。大企業から個人まで、Web3とメタバースを活用した取り組みが模索されてきました。ここでは、Web3とメタバースはそもそもどんなものか、Z世代とはどのような関連があるか見ていきましょう！

Web3とは？

まず、近年話題となっているWeb3とはどういうものなのか、
ご紹介していきます。

1 Web3はブロックチェーンによる分散型のWeb

　Web3は、ブロックチェーン（情報を記録するデータベース技術
の一種）による分散型のWebです。ブロックチェーンを活用した
Webサービスの総称、分野の名称としても使われます。

　Web3と呼ばれる分野には、暗号資産（仮想通貨）、**NFT***（非代替
性トークン）、**DAO***（分散型自律組織）、**DeFi***（分散型金融）、メタ
バース（インターネット上の仮想空間）の一部などが含まれます。

2 分散型のメリット

　分散型のメリットは、特定の管理者に依存しなくて済むことです。
例えば、中央集権的なGoogleという企業のプラットフォームであ
るYouTubeを利用する場合、Googleの規約に違反してしまうと
（違反したとみなされてしまうと）、GoogleアカウントやYouTube
チャンネルの凍結・削除措置（BAN、俗にいう**垢BAN**）などをされ
ることもあります。YouTubeでビジネスをしている場合、その
Googleによる一方的な措置は非常に大きなリスクとなります。仮
にあなたがYouTubeで月収100万円の広告収入を得ていても、そ
のチャンネルが凍結・削除されてしまえば、その時点からあなたに
は一円も入って来なくなってしまいます。

＊**NFT**　Non-Fungible Token の略。
＊**DAO**　Decentralized Autonomous Organization の略。
＊**DeFi**　Decentralized Finance 略。

そういったリスクを極力抑えたいという考えもあって近年急成長しているのがブロックチェーンによって実現するWeb3なのです。

　ただ、プラットフォーマーによる中央集権的な構造が絶対的に悪いというわけではありません。

　Googleのようなプラットフォーマーが提供・管理する便利なサービスを無料で使わせてもらえることは、上述のようなリスクがある一方で、メリットでもあります。

85　Web1.0、Web2.0、Web3の違い

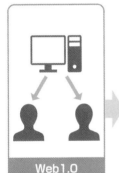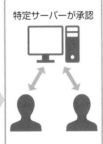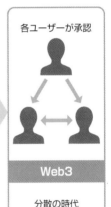

特定サーバーが承認

各ユーザーが承認

Web1.0	Web2.0	Web3
一方通行の時代 （1990〜2004）	双方向の時代 （2005〜2020）	分散の時代 （2021〜）

Web1.0	インフォメーションエコノミー：情報の閲覧や取得を中心とした一方通行のインターネット
Web2.0	プラットフォームエコノミー：情報の交換を目的とした双方向のインターネット
Web3	トークンエコノミー：ユーザーを主体とした分散型のインターネット

※年代は目安です。

クリエイターエコノミーの拡大

Web3トレンドに後押しされ、今後さらに成長が期待されるクリエイターエコノミーについて解説します。

1 クリエイターエコノミーとは?

クリエイターエコノミーとは、インターネット上で個人クリエイターが商品・サービスを提供し、収益を上げる市場(経済圏、エコノミー)です。さまざまなメディアを介して行われる、個人クリエイターの情報発信や行動によって形成された、消費・生産・販売の経済活動の場とも言えます。

クリエイターには、ライバー、ブロガー、アーティスト、YouTuber、ジャーナリストなどが当てはまります。さまざまな個人の発信者が存在します。彼らは文字、画像、動画、ライブなど多様なコンテンツの販売、関連サービスや商品の販売、イベント開催などで収益を上げています。

2 クリエイターエコノミーの市場規模と拡大への期待

一般社団法人クリエイターエコノミー協会が**三菱UFJリサーチ&コンサルティング株式会社**と共同で実施した調査があります。その調査では、2022年10月時点では、国内クリエイターエコノミーの市場規模は1兆3,574億円で、世界の推計規模の約1割に相当するという結果が出ました。さらには潜在クリエイター数は2,200万人にのぼると推計され、市場規模は2034年に10兆円超に拡大すると試算されています。YouTuberをはじめとして、個人クリエイターがインターネットで発信して収益を得るということは、Z世代

にとって当たり前です。Z世代は**クリエイターエコノミーネイティ
ブ**と言えるかもしれませんね。

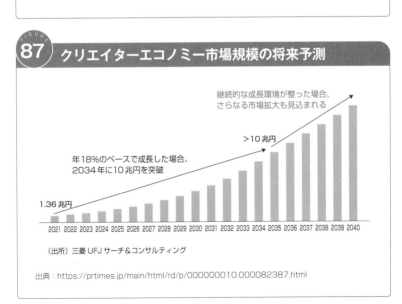

FIGURE 86 クリエイターエコノミー市場規模

国内クリエイターエコノミーの市場規模

市場規模合計
1兆3,573億円 〔内訳〕

その他

スキルシェア
市場

モノ/グッズ
の販売市場 それぞれ
2,000~
3,000億円
程度を占める

動画投稿
関連広告市場

世界のクリエイターエコノミーの市場規模

日本の市場規模
1.36兆円
(9.0%)

世界の市場規模
1,042億ドル
(15.1兆円)

(注) 1ドル=145円 (2022年10月11日為替レートに基づく)として算出
(出所) 三菱UFJリサーチ＆コンサルティング

FIGURE 87 クリエイターエコノミー市場規模の将来予測

継続的な成長環境が整った場合、
さらなる市場拡大も見込まれる

>10兆円

年18%のペースで成長した場合、
2034年に10兆円を突破

1.36兆円

2021 2022 2023 2024 2025 2026 2027 2028 2029 2030 2031 2032 2033 2034 2035 2036 2037 2038 2039 2040

(出所) 三菱UFJサーチ＆コンサルティング

出典：https://prtimes.jp/main/html/rd/p/000000010.000082387.html

NFTとクリエイターエコノミー

NFTがクリエイターエコノミーの拡大に寄与する理由を解説します。

1 NFTとは？

NFTはNon-Fungible Tokenの略で、日本語では非代替性トークンと言います。簡単に言うと、あるデジタル資産がこの世に1つしか存在しないことを証明できるデータです。

従来、デジタルデータはコピーし放題で、何が元のデータか証明することは困難でした。しかしNFTであれば、見た目が同じでも本物と偽物を明確に区別することができます。さらに、データの作成者と所有者を記録することもできます。

このNFTの性質により、今まで自分のデジタル作品に十分な価値を付与できていなかったクリエイターも、より適正な評価を受けやすくなります。

2 NFTはクリエイターエコノミーをさらに発展させる

NFTはクリエイターエコノミーをさらに発展させる可能性があります。クリエイターがGoogleのようなプラットフォーマーの一方的な措置というリスクを軽減できることに加え、自分の作品の権利を主張・保持しやすくなるからです。

また、NFTはメタバース内での価値の移転をスムーズにします。例えば、あなたのアバターが着ている服がNFTであれば、その服は唯一無二のものとして価値を認められやすくなります。

さらに、「世界に1つしかない」「有名人が過去に所有していた」「高

級ブランドがデザインした」など、そのNFTにプレミアがつけば、需要が高まり、価格が上がることも考えられます。あなたはその価値の高いNFTを持っていることを自慢できますし、他者に売却してその対価を受け取ることもできます。

NFTでなければ、その（デジタルの）服が本当に価値の高いものなのかを容易に証明できず、スムーズな価値の移転も難しいでしょう。

なお、NFTについてより詳しく知りたい場合は、拙著『図解ポケット NFTがよくわかる本』（秀和システム）も合わせてご覧ください。

FIGURE
88 NFTの性質

Z世代とNFT

今後クリエイターエコノミーを牽引するであろうZ世代とNFTの関連について解説します。

1 Z世代のNFTの認知度

Z世代のアーティストの中にもNFTを販売するアーティストがいるほか、NFTの保有歴がある、あるいは保有したことはないもののどういうものか知っているZ世代の人も増えてきています。

MMD研究所が2022年6月に実施した調査では、10代男性の26.1%、20代男性の29.2%、10代女性の10.6%、20代女性の14.5%がNFTの保有歴がある、あるいは保有したことはないもののどういうものか知っていると回答しています。

2 NFTアートをきっかけにZ世代とつながるプロジェクト

NFTアートをきっかけにZ世代と繋がるプロジェクトも実施されています。Z世代向けクリエイティブ事業を展開する合同会社rakugokaは、神戸市東京事務所、株式会社uzumaki creativeとの実証実験にて、NFTを使ったコミュニティ創出実証プロジェクトBE KOBE NFTの販売をし、完売させています。同プロジェクトではコミュニティ形成機能に着目してNFT作品を制作しています。そして、Z世代の利用も多いチャットツールDiscordを活用して自治体として初めてNFTをきっかけに東京圏のZ世代と地域を越えて"つながる"オンラインコミュニティを運営しています。熱量の高いコミュニケーションで神戸愛を育み、Z世代の"推し"の自治体となって関係人口の創出を目指しているようです。

89 NFTの認知、保存状況＊性年代別

	保有したことはないが、どういうものか知っている	現在保有している

全体 (n=6,763) 3.2% 15.0% 69.2%
男性10代 (n=235) 3.2% 13.9% 60.0%
男性20代 (n=532) 3.2% 20.6% 50.2%
男性30代 (n=582) 3.2% 18.6% 50.7%
男性40代 (n=745) 3.2% 20.2% 54.6%
男性50代 (n=703) 3.2% 20.8% 65.4%
男性60代 (n=614) 3.2% 15.9% 74.0%
女性10代 (n=223) 3.2% 10.1% 79.3%
女性20代 (n=506) 3.2% 9.7% 75.8%
女性30代 (n=560) 3.2% 9.1% 77.0%
女性40代 (n=725) 3.2% 15.8% 75.3%
女性50代 (n=699) 3.2% 10.7% 83.1%
女性60代 (n=639) 3.2% 9.4% 84.7%

保有したことはないが、どういうものか知っている　　現在保有している
現在は保有していないが、過去保有したことがある　　まったく知らない
名前は聞いたことがあるが、内容は知らない

出典：https://mmdlabo.jp/investigation/detail_2097.html

90 主なNFTマーケットプレイス

名称	概要
Rarible	アート型NFTを中心に取り扱う。
Foundation	招待制のマーケットプレイス。
Binance NFT	大手暗号資産取引所が運営する。
Coincheck NFT	国内初のNFTマーケットプレイス。
mime	世界で初めて日本円決済を導入。
nanakusa	国内初　クリプトアーティスト登録制。

メタバースとは？

近年、話題となっているメタバースとは何なのかご紹介します。

1 メタバースはインターネット内の仮想空間

メタバースという言葉は、一般的に「自身のアバターが活動できるインターネット内の仮想空間」のように認識されています。メタバース（Metaverse）とは、英語の「Meta（超越した）」＋「verse（世界）」からくる造語です。「メタバース」という言葉自体は30年ほど前から存在していましたが、人それぞれの立場や主張によって、メタバースという言葉が表す範囲や意味は変わってきています。マーケティングの一環で、メタバースやNFT、Web3という言葉が盛んに使われる傾向にあるからです。メタバースにご興味あれば、拙著『図解ポケット メタバースがよくわかる本』（秀和システム）も合わせてご覧ください。

2 様々なメタバース

現状、メタバースと呼ばれるサービスは大きく分けてブロックチェーンを利用しているもの・利用していないものがあります。前者をWeb3のメタバース、後者をWeb2.0のメタバースのように呼ぶこともあります。

メタバースは、狭義ではVRヘッドセットを使って没入感を高めることができる3次元の仮想空間のみを指すことになりそうですが、本書ではPCやスマホの画面上（2次元）に存在する仮想空間も含めてメタバースと呼ぶことにします。

91 メタバースの定義

発信者	定義
Meta Platforms CEO マーク・ザッカーバーグ	「デジタル空間で人々と一緒にいることができる仮想環境。見ているだけではなく、その中にいるような感覚になれるインターネットのようなもの」
Wikipedia	「コンピュータやコンピュータネットワークの中に構築された、現実世界とは異なる3次元の仮想空間やそのサービスのこと」
『メタバースとは何か ネット上の「もう一つの世界」』 著者岡嶋裕史	「現実とは少し違う理で作られ、自分にとって都合がいい快適な世界」
『メタバース進化論 仮想現実の荒野に芽吹く「解放」と「創造」の新世界』 著者バーチャル美少女ねむ	以下の7要件を満たすオンラインの仮想空間 1. 空間性 2. 自己同一性 3. 大規模同時接続性 4. 創造性 5. 経済性 6. アクセス性 7. 没入性

本書では「自身のアバターが活動できるインターネット上の仮想空間」をメタバースと定義します。

CHAPTER
8
Z世代とWeb3・メタバース

Z世代に人気なメタバース

Z世代のメタバース利用の意向を見つつ、次世代のゲーム・
SNS感覚で使われている、Z世代に人気のメタバースについてご
紹介します。

1 メタバースの利用に前向きなZ世代

トランスコスモス株式会社が2022年8月に実施した調査による
と、2022年時点でのメタバースの利用意向率は全体で34%とあま
り高くはありませんでした。しかし、25歳以下のZ世代のみで見ると
58%と半数以上がメタバースの利用に前向きであるという結果が出
ています。

普段何気なく遊ぶゲームで自分の分身 (**アバター**) を冒険させたり、
世界中のユーザーと交流をしたり、イベントに参加したり、買い物をす
るなど、メタバースが身近なものになりつつあることを感じられます。

2 Z世代に人気のメタバースプラットフォーム

ブロックチェーンを利用しているもの・利用していないもの、主
にPC向けのもの・主にスマホ向けのもの、主に個人向けのもの・
主に法人向けのものなど、**メタバースプラットフォーム**には様々な
種類があります。

中でも、Z世代に人気なメタバースプラットフォーム (メタバース
系ゲーム) には下記などがあります。

・**Fortnite** (フォートナイト)
・**Roblox** (ロブロックス)

- Minecraft（マインクラフト）
- ZEPETO（ゼペット）
- Bondee（ボンディー）

メタバースの利用意向率

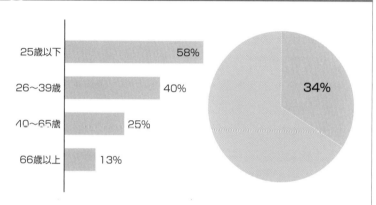

25歳以下	58%
26〜39歳	40%
40〜65歳	25%
66歳以上	13%

34%

メタバースでは、VR 機器を着用し、仮想空間上で、
ゲーム・コミュニティ、イベント・セミナー、教育・ワークショップ、
店舗接客・ショッピングなど、
さまざまなサービスを楽しむことができます。

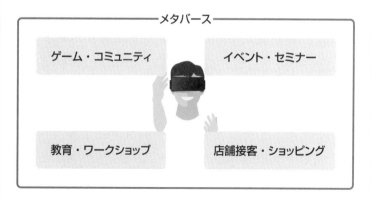

―― メタバース ――

ゲーム・コミュニティ	イベント・セミナー
教育・ワークショップ	店舗接客・ショッピング

出典：https://www.trans-plus.jp/data/2022dec

メタバースとクリエイター エコノミー

Robloxを例に、メタバースがクリエイターエコノミーの拡大に寄与する理由を解説します。

1 Robloxでは多くのゲームクリエイターが活躍

Robloxでは、専用ゲームエンジンRoblox Studioでユーザー自身が制作したゲームを配信・公開することができます。世界中で数十億〜数百億回プレイされているゲームもあります。

Robloxでは自作ゲームを公開できるだけでなく、自作したゲームで稼ぐこともできます。ゲーム内通貨のRobuxを通して収益化が可能で、ゲームの有料配信やアバター用コスチュームなどの販売もできます。アメリカに住む16歳の男子高校生が、Robloxでゲームを1つ公開し、累計で約250万円を稼いだこともあるようです。

2 メタバース上の経済圏

Robloxのように、利用者の多いメタバースではメタバース上に経済圏が構築されている場合があります。ゲームやアイテムのクリエイターが自分でゲームやアイテムを作り、販売して収益を上げることができるのです。

まだあまり多くはありませんが、NFTや暗号資産に対応するメタバースが増えることで、プラットフォーム間の相互互換性が高まり、プラットフォームを跨いだスムーズかつ自由な経済活動がさかんになることも考えられます。

Z世代、そしてアルファ世代が活躍する時代には、メタバースにおいてもさらにクリエイターエコノミーが発展するでしょう。

FIGURE 93 Web3時代におけるクリエイターエコノミーの創出に係る調査事業

❷ To be（ありたい姿）

- ✓ メタバース領域で日本の強みを打ち出していくためには、コンテンツ制作や空間創出を担うクリエイターを軸にした、国際競争力を有するメタバース経済圏の創出・拡充を目指すべき。
- ✓ 日本の強みはコンテンツIP。海外にも受け入れられるようなコンテンツの作成を通じて、日本が輸出しやすい標準を海外に対して打ち出すべき。
- ✓ 業界団体などがワンボイスになるべき。業界内の統一されたガイドラインの制定や政府施策への提言によって、メタバース事業者の参入障壁も下がる。

ギャップ・課題

❶ AS is（現状）

- ✓ コンテンツや空間創出スキルなどのような日本の強みである「クリエイティビティ」を活かして、メタバースに人・モノ・カネを集めて経済圏が作れるかが鍵となる。
- ✓ コンテンツ制作を担うクリエイターやコンテンツを提供するIPホルダーにとって、現状として、活用方法を含めてグレーな部分が多く参入も限定的。
- ✓ メタバースに関する団体などが乱立しており、事業者がメタバース領域に参画するにあたっての拠り所がなく、障壁となっている。

❸ Action

①必要な環境整備

- メタバースの活用にあたって、特に重要な要素となるコンテンツにフォーカスし、事業者やクリエイターの参入障壁となっている法的論点などの整理を図ることが必要。

クリエイターエコノミーの創出

④業界の統一

- 業界団体に経済産業省がオブザーバーで参加し、業界統一に向けた動きをフォローする。

②政府の後押し

- 政府としてメタバースにおけるコンテンツ制作を積極的に促進するとのメッセージを発信することが必要。

③議論の場を創出

- クリエイターエコノミーの創出を目的とした研究会を設置し、メタバース領域でのエンタメや、Web3時代におけるクリエイターのあるべき姿を議論する場を設ける。

出典：https://www.meti.go.jp/press/2022/08/20220823005/20220823005.html

CHAPTER
8

8

Z世代が夢中になるZEPETO

SNS感覚で使われるメタバースとして、ZEPETOを紹介します。

1 Z世代の女性がユーザーの70%を占めるZEPETO

　　ZEPETO（ゼペット）は全世界で約3億人が利用する3Dアバターソーシャルアプリです。しかも、Z世代の女性がユーザーの70%を占めるメタバースとなっています。実は国内でZEPETOが最初に注目されたのは、メタバースという言葉が広く知られる前の2018年に遡ります。10代向けのマーケティング業務を手掛けるAMFが実施した、女子中高生が選ぶ「JC・JK流行語大賞2018」のアプリ部門4位にZEPETOがランクインしたのです。

2 ZEPETOがZ世代の女性を夢中にさせる理由

　　ZEPETOがZ世代の女性を夢中にさせる理由は、アバターづくりの楽しさです。ZEPETOには最先端のファッションアイテムが多数公開されており、理想通りのアバターをいくつもつくることができます。そして、ZEPETOに用意された「ワールド」で、おしゃれに凝った自慢のアバター同士で交流することができます。

　　当時ZEPETOの開発や運営を行っていたのは、カメラアプリ「SNOW」を提供する韓国のSnowでした。若い女性のニーズをうまくつかむ企業だからこそ、Z世代の女性の心を掴んだと言えそうです。また、2022年8月には暗号資産を使えるメタバース「ZepetoX」を発表するなど、「遊びながら稼ぐことのできる3Dプラットフォーム」としての今後も楽しみです。

94 ソフトバンクFY23 メタバース取り組みの方向性

リアル空間と連携など、ユーザーニーズに合わせ、組み合わせで提供

── ZEP ──	── ZEPETO ──	── NFT LAB──
サービス開始8カ月で 300万人 新たな都市型 メタバース空間	アプリ DL 全世界4.0億人 Z 世代向け コミュニケーション	LINE Blockchainの基盤 ソフトバンクの NFT マーケット （XR コンテンツ中心）

95 ソフトバンクショップとZEPETO

お客さまとの接点を拡大

ソフトバンクショップ in ZEPETO

ソフトバンクは、新しい
コミュニケーション・チャネル
としてZEPETO内にて運営を
開始しました。

出典：ケータイ Watch ニュース 2022 年 6 月 24 日より

CHAPTER

8 Z世代とWeb3・メタバース

153

「ゆるさ」が売りのBondee

SNS感覚で使われるメタバースとして、Bondeeを紹介します。

1 シンガポール発のメタバース系SNS

Bondeeは、アバターを作って友達と交流するメタバース系の SNSです。シンガポールに拠点を置くスタートアップ企業の Metadreamがサービスを開発、運営しており、2022年末から世界各地でサービスを開始しています。

アイ・エヌ・ジーが運営する渋谷トレンドリサーチが発表した 「2023年春！高校生最新トレンドランキング」で、「今流行っている物事」の5位にランクインしています。

2 Z世代の心を掴んだ決め手は「ゆるさ」

Bondeeの特徴は「ゆるさ」です。Bondeeの空間では、友人に「いいね」をしたり、映える投稿をしたりする必要がありません。そのような特徴のため、InstagramやTikTokでSNS疲れを感じやすい層にウケていると考えられます。なお、Bondeeでも、自分のアバターを作成して交流します。アバターは顔や髪形、服装など自分の好みで選んで作ることができ、実生活では着られないような派手なファッションも楽しめます。

さらに、友達の最大人数が50人に絞られているため、それぞれが心地よいと感じる繋がりを保ちやすい点もメリットです。親しい友達とはチャットで深く付き合い、知らない人とは無理せずその場限りの交流で済ませることも可能です。

96 月間利用者数に占める10～20代の割合（2023年3月）

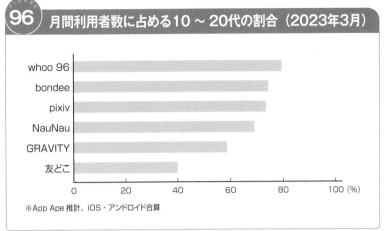

- whoo 96
- bondee
- pixiv
- NauNau
- GRAVITY
- 友どこ

0　　　20　　　40　　　60　　　80　　　100 (%)

※App Ape 推計、iOS・アンドロイド合算

97 メタバースの歴史

Meta 1.0

主な目的：コミュニケーション

特徴：ユーザーによって目的が異なる自由空間

Second Life

Meta 2.0

主な目的：ゲーム

特徴：ユーザーの目的意識が共通している空間／それぞれ独立したプラットフォーム

Fortnite　Minecraft

Meta 3.0

主な目的：コミュニケーション

Web3

特徴：ユーザーによって目的が異なる自由空間／複数の異なる空間をWeb3の技術でシームレスに行き来可能

スクウェア・エニックス　Meta　GREE

出典：https://japan.zdnet.com/article/35182851/
アメリカのニュースサイト ZDNet による資料を基に作成

COLUMN
メタバースを利用する意義

　私は『図解ポケット メタバースがよくわかる本』（秀和システム）を出版したこともあり、メタバースの専門家として意見を述べたり、研修を作成・監修したりしています。それなりに「メタバース」という近年注目されている概念について経験を積んできた私が思う、メタバースを利用する意義を述べます。

　最初に身も蓋もない意見を述べると、メタバースはまだまだリアルには勝てないと感じます。こんな文章を書いている私自身も、どうせ人に会うならリアルの方がいいなと思っている1人です。

　コロナ禍も落ち着いてきた2023年は、リアルで人に会うこと、イベントに参加することの喜びを、多くの人が再確認していることでしょう。

　一方、メタバースならではの楽しみもあると感じます。私は早稲田大学の招聘研究員として、イオン環境財団による環境教育プログラムの運営に携わっています。そこで、早稲田大学を含む9カ国の大学の学生と先生方に、メタバース（cluster）を活用いただきました。

　ただ単にオンラインでディスカッションやプレゼンテーションするのであれば、Zoomの方が使いやすいでしょう。ただし彼らにとって、新しいプラットフォームを使ってみることの体験価値もあったようでした。メタバースならではの動き（エモート）なども使い、Zoomのみでは難しい国際交流もできました。

　Z世代やその次のアルファ世代、またその次の世代の皆さんは、より早い段階からメタバースを利用する機会もあるかもしれません。ぜひ有意義な使い方・メタバースを使う意義を見つけていただきたいと思います。

MEMO

おわりに

　いつの時代も「最近の若者は…」と上の世代は若者を「理解不能な世代」と思う風潮があります。Ｚ世代のことを「インスタとかTikTokばかり見てる得体の知れない若者たち」と思っている人もいることでしょう。

　人間は相手のことを知らないと「なんとなく近寄りがたい存在」と思ってしまいがちです。しかし、ほんの少しでも相手のことを理解しようと歩み寄ることで、途端に良い関係を築きやすくなるものです。

　本書はＺ世代向けのマーケティングについて述べた本ですが、ビジネスの場面だけでなく、あなたが日頃Ｚ世代の若者と接する時にも何かしら役に立つ知識や価値観をご提供できたと思います。ぜひ本書を参考に、Ｚ世代やその次の世代のα世代と良好な関係を築いていただけたら幸いです。

　私は本書を執筆中、早稲田大学の招聘研究員として、また大学の部活動のOBとして、現役の大学生と関わる機会をありがたいことに持つことができました。彼らとの何気ない会話の中にも様々な発見や気づきがあったように思います。学生の皆さんには感謝の気持ちでいっぱいです。

　現役の学生とどんどん年が離れることに若干の悲しみを覚える昨今ですが、今後も扱いづらい老害とならず、若い世代の話に耳を傾けられる大人でいたいなと思います。

　これは個人的な願望でもありますが、Ｚ世代をはじめとする若い世代向けに商品やサービスを提供するすべての方に持っていただきたい心が

けでもあります。あなたも私も、独りよがりにならず、お客様に満足いただける商品やサービスを常にお届けしていきましょう！

松村雄太

　ビジネスやマーケティングなどに関するお役立ち情報を日々無料メルマガで配信しています。ご興味あればご覧ください！

　また、ご感想、お問い合わせはLINEまたはメールでいただけますと幸いです。

■公式メルマガ

URL: https://tr2wr.com/lp

■公式LINE

（ご感想・お問い合わせをお待ちしております！）

URL: https://lin.ee/WPBREwF

（あるいは ID: @927wtjwr より）

■メール

investor.y11a@gmail.com

●著者紹介

松村雄太（まつむら　ゆうた）

Web3総合研究所 代表。
早稲田大学環境総合研究センター 招聘研究員。

NFT、メタバース、生成AIなどについて学べるコミュニティを主宰。
埼玉県立浦和高校、早稲田大学商学部卒。新卒で外資系IT企業に入社し、1年間のインド勤務を経験。その後、外資系コンサルティングファームを経て、メディア系ベンチャー企業にて日本の大手企業向けに、国内外のスタートアップやテクノロジートレンドのリサーチ・レポート作成を担当。近年はWeb3、メタバース、生成AIに注目し、書籍の執筆や監修、講座の作成や監修、講演、寄稿などの活動に力を入れている。
著書に『NFTがよくわかる本』、『メタバースがよくわかる本』、『DAOがよくわかる本』（以上、秀和システム）、『一歩目からの ブロックチェーンとWeb3サービス入門』（マイナビ出版）、監修書に『知識ゼロから2時間でわかる＆使える！ ChatGPT見るだけノート』（宝島社）、『画像生成AIがよくわかる本』、『Web3がよくわかる本』、『イーサリアムがよくわかる本』（以上、秀和システム）など多数。

図解ポケット
Z世代がよくわかる本

発行日	2023年9月11日		第1版第1刷

著　者　　松村　雄太

発行者　　斉藤　和邦
発行所　　株式会社　秀和システム
　　　　　〒135-0016
　　　　　東京都江東区東陽2-4-2　新宮ビル2F
　　　　　Tel 03-6264-3105（販売）Fax 03-6264-3094
印刷所　　三松堂印刷株式会社

©2023 Yuta Matsumura　　　　　　　Printed in Japan

ISBN978-4-7980-7012-4 C0036